Sagenhaftes DEUTSCHLAND

»Siehst du«, sagte die Sage, »wenn man in weiter, weiter Nebelferne den Wald anschaut, erscheint er blau – und wenn wir die Geschichten, die ganz uralten, sehen in weiter Ferne, erscheinen sie uns wie in Nebelduft getaucht …«

Johanna Beckmann: Wald-Sagen, 1921

KILIAN SCHÖNBERGER

Sagenhaftes DEUTSCHLAND

EINE REISE ZU MYTHISCHEN ORTEN

Mit Texten von
Ellen Astor, Sabine Durdel-Hoffmann,
Petra Gallmeister, Brigitte Lotz,
Martina Schnober-Sen, Sabine Zitzmann-Starz

FREDERKING & THALER

Inhalt

Vom Seelenleben deutscher Landschaften

Deutschland ist ein Land der Sagen. Ob Norden oder Süden, Westen oder Osten, jede Region wartet mit einer Fülle von Sagen auf, jede Landschaft hat ihre spezifischen Überlieferungen. Auf dem Brocken im Harz tanzen die Hexen, hoch über dem Rhein betört die Loreley die Schiffer und in Hameln geht der Rattenfänger um. Jedes Schloss kennt sein Schlossgespenst, jedes Kloster hat seine Gründungslegende, jeder tiefe See ein sagenumwobenes Geheimnis.

»Sagenhaftes Deutschland« begibt sich auf eine Reise durch dieses sagenhafte und sagenreiche Land. Sie führt zu verwunschenen Orten, die seit jeher die Fantasie der Menschen beflügelt und Dichter wie Maler inspiriert haben, hinein in dunkle Wälder und an schaurige Moore, zu trutzigen Burgen und romantischen Klosterruinen.

Sagen, Legenden und Märchen sind volkstümliche, meist mündliche Erzählweisen. Die Dichter der Romantik bewahrten viele davon vor dem Vergessen.

Kilian Schönbergers stimmungsvolle Bilder von Berg- und Flusslandschaften im Morgennebel, von Burgen im Abendrot oder tief verschneiten Gipfeln fangen den ganzen Zauber dieser Szenerien ein. Sie schlagen eine Brücke zu Zeiten, in denen Sagen die Welt erklärten. Die Texte zu den einzelnen Kapiteln erzählen von den Sagen und Mythen, die mit den Orten verknüpft sind, und stellen Bezüge her zur Geschichte der Landschaft, zur historischen Bedeutung der Bauwerke und zu Menschen, die in vergangenen Zeiten lebten.

Schon immer haben Sagen, Mythen und Legenden die Menschen fasziniert. Viele wurden von Generation zu Generation weitergegeben und sind ins kollektive Gedächtnis eingegangen. Bis heute erfüllen sie den Wunsch nach spannenden Erzählungen und nach einer Deutung dessen, was uns begegnet. Sie machen Landschaften und Geschichte lebendig und führen in eine Welt, in der das Wunderbare und das Übernatürliche zu Hause sind. So bieten sie etwas, was in unserer von Technik, Effizienz und nüchternen Fakten bestimmten Gegenwart wohl zu kurz kommt. Fantasievolle, poetische, melodramatische, zuweilen humorvolle Geschichten künden vom Alltag unserer Vorfahren, die auf Feldern, an Seen und Flüssen, in einsamen Wäldern oder dunklen Bergwerksschächten hart für ihr tägliches Brot schuften mussten, abhängig von einer unberechenbaren Natur oder auch den Launen geistlicher und weltlicher Herren.

Manche Aussagen, manche Deutungen der alten Sagen mögen fremd wirken, doch so fern ist uns ihr Denken nicht. Auch heute neigen Menschen dazu, seltsame Erscheinungen, für die die Wissenschaft keine oder schwer zu verstehende Erklärungen hat, auf eigene, gleichsam vorwissenschaftliche Weise zu deuten. So lassen sich Berichte über Schneemenschen oder Ufos als moderne Sagen ansehen. Doch auch, wer die naturwissenschaftlichen Erklärungen oder die historischen Fakten kennt, lässt sich gern von geheimnisvollen Geschichten oder der Aura eines Ortes verzaubern. Ist dieser mit einem Mythos verbunden oder werden ihm besondere Kräfte zugeschrieben, zieht er uns wie magisch an. So nimmt es auch nicht wunder, dass immer noch Märchenschlösser entworfen werden und »romantische« Landschaften uns begeistern.

Vom Meer bis an die Alpen

»Sagenhaftes Deutschland« zeigt Deutschlands Landschaften, seine Geschichte und seine Menschen von einer ungewöhnlichen Seite; der vorliegende Streifzug eröffnet einen neuen Blick auf das Land. Er führt von den nördlichen Küstenregionen über den Osten mit seinen Mittelgebirgen und den Westen mit seinen Flusslandschaften bis in die Alpenregion im Süden.

Der Norden, die Küste von Nord- und Ostsee, ist die Heimat von Klabautermännern, von Geisterschiffen und vom Schimmelreiter, dem Deichgrafen, der bei Unwetter auf seinem Schimmel über die Deiche jagt. Ihm hat Theodor Storm mit seiner gleichnamigen Novelle ein literarisches Denkmal gesetzt. Im Süden ranken sich die Sagen um die imposante Bergwelt der Alpen. So gilt der Watzmann am Königssee zusammen mit dem Kleinen

»Die Kinder glauben an die Wirklichkeit der Märchen, aber auch das Volk hat noch nicht ganz aufgehört, an seine Sagen zu glauben.«
Jacob und Wilhelm Grimm: Deutsche Sagen

Nicht geheuer soll es früher im Briesewald, einem Erlenbruchwald in Brandenburg, gewesen sein, wo die Seelen ungetauft gestorbener Kinder als Irrlichter umherhüpften.

Watzmann und den Watzmannkindern als eine zu Stein gewordene Königsfamilie.

Den Harz und das Elbsandsteingebirge im Osten prägen bizarre Felsformationen, die der Sage nach das Werk von Riesen oder gar vom Teufel sind. Und am Rhein liegen mit dem Loreley- und dem Drachenfels gleich zwei sagenumwobene Orte. Der Drachenfels ist mit dem Nibelungenlied verknüpft, soll doch hier einst ein mächtiger Drache sein Unwesen getrieben haben, bis ihm der junge Recke Siegfried den Garaus machte. Die Nixe Loreley hingegen hat, wie Heinrich Heine in seinem berühmten Lied erzählt, mit ihrem Gesang so manchen Rheinschiffer ins Unglück gestürzt.

Das Erdinnere, das, wie im Ruhrgebiet oder im Erzgebirge, mit bedeutenden Bodenschätzen aufwartet, ist die Heimstatt von Berggeistern und Grubenzwergen. Sie weisen den Bergleuten den Weg zu reichen Erz-, Silber- oder Kohleadern, aber sie halten sie manchmal auch zum Narren.

Einen weiten Blick über das Seengebiet bei Bad Malente in der Holsteinischen Schweiz, bekannt für seine Hochzeitsmythen, hat man vom Holzberg aus (nachfolgende Doppelseite).

Mystisch erscheinen die Blockfelsen des Nusshardt-Gipfels im winterlichen Morgenlicht. Ob auf dem knapp unter 1000 Meter hohen Berg im Fichtelgebirge einst heidnische Kulthandlungen stattgefunden haben?

Sagen sind an ihre Region gebunden. Berge mit bizarren Felsformationen befördern andere Erzählungen als Seen und Moore. Regionen, die reich an Bodenschätzen sind, kennen andere Geister als Küstengebiete. Freilich gibt es auch Motive, die, wie gespenstische Erscheinungen, vielerorts vorkommen. Geschichten über weiße Frauen oder einen Spuk sind aber stets mit konkreten Gegebenheiten des jeweiligen Ortes verknüpft.

Eine eigene Wirklichkeit

Wie Legenden und Märchen gehören Sagen zu den volkstümlichen Erzählformen, deren Urheber unbekannt blieben. Sie wurden mündlich überliefert und erst lange nach ihrer Entstehung gesammelt und schriftlich festgehalten. Bei dieser Sammel- und Editionstätigkeit kam den Brüdern Jacob und Wilhelm Grimm eine bedeutende Rolle zu. Nach ihren »Kinder- und Hausmärchen« von 1812 und 1815 gaben sie 1816 und 1818 zwei Bände »Deutsche Sagen« heraus.

Es war die Zeit der Romantik, jener Epoche, die Individualität, Fantasie und das Fantastische pries. Ihre Dichter, Maler und Musiker fingen Stimmungen ein und gaben ihren subjektiven Empfindungen Ausdruck. Die Romantiker sahen die Natur mit neuen Augen, sie wandten sich dem Irrationalen wie der Vergangenheit zu, die sie allerdings oft verklärten, aber sie entwickelten auch ein neues Geschichtsbewusstsein. Und sie entdeckten die Volksdichtung neu. Sie sammelten nicht nur alte Märchen und Sagen, sie schufen, wie Wilhelm Hauff oder Ludwig Tieck, mit ihren Kunstmärchen auch eine neue literarische Form. Ihrem Wirken ist es zu verdanken, dass

»Alle Märchen sind nur Träume von jener heimatlichen Welt, die überall und nirgends ist.«
Novalis

die volkstümlichen Erzählweisen im 19. Jahrhundert eine weite Verbreitung und eine neue Wertschätzung erfuhren. Die Welt der Grimm'schen Märchen und die Wirkungsstätten der beiden Brüder lässt die Deutsche Märchenstraße wieder aufleben, deren Schauplätzen zwei Features gewidmet sind.

Sagen, Märchen und Legenden erzählen von wunderlichen oder übernatürlichen Begebenheiten. Doch während Märchen eine eigene, frei erfundene Welt kreieren, die an keinen realen Ort und keine konkrete Zeit gebunden ist und in der am Ende das Gute siegt, wollen Sagen und Legenden Wirklichkeit wiedergeben. Legenden sind ursprünglich religiöse Erzählungen. Sie schildern wundersame Vorgänge und religiöse Erfahrungen, um göttliches Wirken oder Glaubensfestigkeit zu bezeugen, und sehen die Wunder, von denen sie zu berichten wissen, als Beleg für eine höhere Wirklichkeit an. Sie bilden sich aber auch gern um historische Persönlichkeiten, die sie ins Numinose erhöhen.

Die Sage wiederum verknüpft reale Gegebenheiten, sprich: einen konkreten Ort, ein überliefertes Ereignis oder eine historisch verbürgte Person, mit fantastischen, wundersamen oder magischen Elementen. Sie verbindet das Außergewöhnliche mit dem Alltag und erhebt, wie der Volkskundler Friedrich Ranke sagte, den Anspruch, »dass sie geglaubt werde, … sie will Wirklichkeit geben«. Doch diese Wirklichkeit entspricht einer Vorstellungswelt, die viele Jahrhunderte zurückliegt.

Viele Sagen speisen sich aus einem magischen Denken, das die Natur als beseelt ansieht, oder aus vorchristlichen Vorstellungen, die vom Glauben an die Wiederkehr der Toten und dem Walten von Geistern, Zwergen oder Riesen geprägt sind. Einige haben ihr heidnisch-mystisches Gedankengut auch nach der Christianisierung bewahrt oder den alten mit dem neuem Glauben vermischt. So blieben germanische Gottheiten noch lange lebendig. Auf Rügen erinnert der Herthasee an die germanische Göttin Hertha, die Erdmutter, die für Frieden und reiche Ernte sorgte, ihre Helfer jedoch in dem tiefen See ertränkte. Und der keltische Sonnengott Belenus ist wahrscheinlich Namensgeber des Belchen, des vierthöchsten Bergs im Schwarzwald, der als Kraftort gilt.

Der Teufel der Sagen hat wenig mit dem Teufel aus der Bibel, dem gefallenen Engel, zu tun, vielmehr trägt er Züge von Dämonen nichtchristlicher Überlieferungen und wird oft als Widerpart Gottes gezeigt. Der Glaube an teuflisches Wirken wurde durch die Hexenprozesse des Spätmittelalters, die mittels Folter die unsinnigsten Geständnisse erpressten, weiter aufrechterhalten oder sogar befördert.

Irrlichter und himmlische Fügungen

Ausgangspunkt vieler Sagen ist die Begegnung mit etwas Unheimlichem oder Unbegreiflichem. Nebel, Zwielicht, tosende Stürme, aber auch die Dunkelheit in den Wäldern, den Dörfern und Häusern, wo es früher nirgendwo ausreichend Licht gab, gaukeln übernatürliche Erscheinungen vor. So tanzen Irrlichter über dem Moor oder tobt eine Wilde Jagd am Horizont entlang. Und wenn der Wind durch die Gemäuer einer ehemaligen Kirche pfeift, dann kann man leicht meinen, Orgelklang zu vernehmen.

Sagen fragen nicht nur danach, was es mit solch seltsamen Naturphänomenen auf sich hat oder wie eigentümliche Landschaftsformen entstanden sein mögen. Sie machen sich auch einen Reim darauf, wie Orte zu ihren Namen gekommen sind und warum Burgen und Klöster genau an ihrem Standort errichtet wurden.

Duderstadt im Unteren Eichsfeld, so weiß es die Überlieferung, wurde von drei Brüdern erbaut, die sich nicht einigen konnten,

Im Wildfräuleinstein bei Hinterstein/Bad Hindelang im Allgäu sollen einst wilde Fräulein gehaust haben.

wer der neuen Stadt ihren Namen geben sollte. Jeder sagte zum anderen: Gib du der Stadt den Namen, und daraus entstand dann der Name Duderstadt. Die Zugspitze, der höchste Berg Deutschlands, soll ihren Namen von einem »Zuggeist« herleiten, einem riesigen Geier, der den Berg bewachte.

Als die Adelige Paulina ein Kloster gründen wollte, wies ihr, wie eine Legende überliefert, eine Marienerscheinung den Weg in ein Tal im Thüringer Wald, in dem sie daraufhin die Abtei Paulinzella errichten ließ. Prosaischer ging es bei der Gründung des Klosters Allerheiligen zu, auch wenn die Stifterin, Uta von Schauenburg, ebenfalls auf eine himmlische Fügung vertraute. Doch sie belud der Sage nach einen Esel und entschied, das Kloster an dem Ort zu erbauen, an dem sich das Tier niederlegen würde.

Kriegswirren und Kaisermythen

Viele Sagen spinnen Geschichten um historische Personen und Ereignisse, von denen unsere Vorfahren, die oft in abgeschiedenen Gegenden lebten und von Informationen jeglicher Art abgeschnitten waren, nur wenig wussten oder die tief in ihr Leben eingriffen. Nicht selten ranken sie sich dabei auch um besondere Notzeiten, Naturkatastrophen und Kriege, Geschehnisse also, die den Menschen viel Leid zufügten und Tod und Zerstörung brachten. Die Schlachten zwischen Germanen und Römern boten ebenso Stoff wie der Dreißigjährige Krieg, in dem sich die großen europäischen Mächte vor allem auf deutschem Boden gegenüberstanden. Das an der Romantischen Straße gelegene Dinkelsbühl blieb, so wird erzählt, vor der Verwüstung durch schwedische Truppen bewahrt, weil eines der Kinder, mit denen die Tochter des Türmers dem schwedischen Kommandeur mutig entgegenging, dessen verstorbenem Sohn ähnlich sah, weshalb er auf die Zerstörung der Stadt verzichtete.

Um Herrscher und Herrscherinnen, deren Handeln das Leben des Volkes ganz existenziell bestimmte, haben sich gleichfalls Sagen und Legenden entwickelt. Sie rühmen deren Güte und Milde, wie etwa die Wohltätigkeit der später heiliggesprochenen Elisabeth von Thüringen, wagen aber auch Kritik, oft unter dem Vorwand, dass der Sprecher nicht weiß, wer vor ihm steht. Als sich Landgraf Ludwig von Thüringen auf der Jagd im Wald verirrte, traf er auf den Schmied von Ruhla und gab sich als Jäger aus. Daraufhin klagte der Schmied darüber, wie sehr die Räte und Ritter des Landesherrn das Volk plagten.

Die »einfachen Leute«, die häufig in bedrückenden Verhältnissen lebten, sehnten sich nach besseren Zeiten. Diese Hoffnung machte sich an verschiedenen Kaisern fest, an Karl dem Großen, Otto dem Großen, Friedrich I. Barbarossa und Friedrich II., und verdichteten sich zu Sagen über einen Kaiser, der nicht gestorben ist, sondern in einem Berg schläft. Am berühmtesten wurde die Kyffhäusersage, laut der Friedrich Barbarossa, der 1190 auf einem Kreuzzug ertrunken war, im Kyffhäuser, einem Bergrücken im Thüringer Wald, auf den richtigen Zeitpunkt seiner Wiederkehr wartet. Der Kyffhäuser-Mythos lebte lange fort: Im Bauernkrieg von 1524/25 versammelten sich die aufständischen Bauern am Fuß des Berges und im 19. Jahrhundert reklamierten die Verfechter eines neuen Nationalgefühls und der Schaffung eines geeinten Deutschen Reichs den Mythos für sich.

Tugend wird belohnt, Ungehorsam bestraft

Vorherrschende Moral- und Wertvorstellungen spiegeln sich ebenfalls häufig in den Sagen wider. Sie erzählen, wie Gerechtigkeit wiederhergestellt oder der Verstoß gegen Normen und die Verletzung von Tabus geahndet wird. Einzeln stehende Felsen, deren Form an eine weibliche Gestalt erinnert, wie die Barbarine in der Sächsischen Schweiz oder die Steinernen Jungfrauen auf der Schwäbischen Alb, gelten den Sagen nach als versteinerte Frauen. Sie sollen verwünscht worden sein, weil sie ungehorsam waren oder eine Untat begangen hatten. Die Bestrafung nimmt niemanden aus, weder Arm noch Reich, weder Mächtige noch Untertanen. Den hartherzigen Bischof aus der Stadt ereilt sie ebenso wie das Mädchen vom Land, das sich heimlich mit einem Verehrer trifft.

Die Guten und Tugendhaften hingegen werden belohnt bzw. gerettet. Sagen über den Mägde- oder Jungfernsprung, die vielerorts anzutreffen sind, erzählen von jungen Frauen, die verfolgt oder bedrängt wurden und auf ihrer Flucht über einen Abgrund oder in die Tiefe sprangen – und dann auf wundersame Weise den gewagten Sprung unversehrt überstanden und ihren Verfolgern entkamen. Wie im Märchen siegt also manchmal auch in der Sage das Gute.

»Sagenhaftes Deutschland« taucht ein in die Welt der Sagen, Märchen, Mythen und Legenden, die fantasievolle Antworten auf

»Erwirbt ein Erdensohn sich Lob und Preis,
gleich bildet sich um ihn ein Sagenkreis.«
Conrad Ferdinand Meyer

Wie zu einer verwunschenen Welt führt die 300 Jahre alte Lindenallee zur Wallfahrtskapelle Maria Schnee in Nassenbeuren.

existenzielle Fragen geben. Mit seinen poetischen Bildern zeigt Kilian Schönberger die verborgenen Schönheiten unseres Landes. Er führt uns in Landstriche, darunter viele weniger bekannte Orte, die den Zauber regionaler Sagenwelten verströmen, und zeigt uns die Seele dieser Regionen, die sich über die Jahrhunderte bewahrt hat. So lädt er uns ein, die Landschaften von der Küste bis zu den Alpen mit neuen Augen zu sehen und Deutschland als sagenhaftes wie sagenreiches Land zu entdecken.

Vom Jochberg blickt man auf die Benediktenwand, die der Sage nach auf vier goldenen Säulen ruhen soll (Seite 14/15).

Wild umbrandet die Ostsee die Halbinsel Jasmund, die zu Rügen gehört – und zum Reich des Piraten Störtebeker (Seite 16/17).

Im goldenen Licht der aufgehenden Sonne glaubt man auf dem Goldsteig bei Tännesberg im Oberpfälzer Wald jeden Augenblick einen legendären Schatz zu finden (Seite 18/19).

Versteinerte Jungfrauen In Großenhain bei Cuxhaven liegt eines der zahlreichen Hünengräber der Region, der Dansenstein. Dem Volksglauben nach handelt es sich bei den imposanten Findlingen allerdings nicht um Reste jungsteinzeitlicher Grabkammern, sondern um versteinerte tanzende Jungfrauen.

NORDEN UND NORDWESTEN

Mystische Küsten, Heide- und Moorlandschaften

Nordseeküste und Wattenmeer I Emsland I Lüneburger Heide I Oldenburger Land I Harz

Von Piraten und bösen und guten Geistern

Lange Strände und Dünenzüge, zerklüftete Steilküsten, Wattenmeer und Deiche, Salzwiesen und weites Marschland, legendäre Moore wie das Teufelsmoor bei Worpswede und schilfbestandene Seen gehen über in sanfte Heide- und Hügellandschaften, von Flüssen und malerischen Tälern durchzogen. Höhenzüge schließen sich an, mit schroff abfallenden Steilwänden und jäh aufragenden Monolithen, mit dichten Wäldern und dunklen Höhlen. Nicht nur Grimm'sche Märchenfiguren bevölkern den Norden Deutschlands bis hinunter ins südliche Niedersachsen, auch Helden werden in Legenden lebendig. Schriftsteller wie Theodor Storm (1817–1888) setzten der Landschaft im Nordwesten ein literarisches Denkmal.

Die Nordsee – großen Respekt hatten die Menschen schon immer vor ihr; sie waren brausenden Stürmen, ungestümen Wellen und verheerenden Fluten beinahe hilflos ausgeliefert. Dies kommt häufig in Sagen zum Ausdruck, die schaudern lassen.

Die harten Lebensbedingungen an der Nordseeküste, die allgegenwärtige Naturgewalt der See – sie haben auch eine ganz besondere Sagenwelt hervorgebracht.

Von klein auf faszinierte die besondere Deich- und Marschlandschaft an und hinter der Küste den Dichter Theodor Storm, der in Husum lebte. Sie inspirierte ihn u. a. zum »Schimmelreiter« (1888), in dem Deichgraf Hauke Haien beim Versuch umkam, mit einem gezielten Deichdurchbruch bei einer Sturmflut Schlimmeres zu verhindern. Seine Leiche wurde nie gefunden – aber manch einer sah in stürmischen Nächten einen bleichen Schimmelreiter mit glühenden Augen aus dem früheren Deichbruch hervor den Deich entlangjagen.

Das Meer war auch Bühne von Klaus Störtebeker (1360–1401), einem legendären Piraten des späten Mittelalters. Mit seinen Vitalienbrüdern trieb er sein Unwesen auf Ost- und Nordsee. Der waghalsige Freibeuter bot Stoff für unzählige Geschichten. In einigen davon wird er zum Robin Hood der Nordsee stilisiert, der seine Beute mit den Armen teilte. Historisch belegt ist das nicht. Sicher ist dagegen, dass er 1401 auf dem Hamburger Grasbrook mit 72 Gefährten enthauptet wurde.

An der Nordsee lebt ein besonderer Menschenschlag, unbeugsam und eigenwillig, häufig schweigsam. Dass dies Eigenschaften sein können, die im Übermaß von Übel sind, das erzählt die Legende vom Emdener Geisterschiff. In stürmischer Nacht erreichte ein Schiff fast den sicheren Hafen, als eine monströse Windsbraut es emporhob und in die Tiefe des Meeres rammte. Der Hafenmeister, ein erklärter Feind des Schiffskapitäns, verweigerte das rettende Boot. Von Hass zerfressen, nahm er in Kauf, dass sein eigener Sohn auf dem Schiff ertrank. In stürmischen Nächten sieht man bisweilen ein Geisterschiff Richtung Emdener Hafen jagen und hört die markerschütternden Todesschreie der Besatzung.

Doch es gibt auch helfende, schützende Geister. Von Zwergen ist da die Rede, die Menschen für die – häufig unfreiwillig – überlassenen Gaben reich entlohnen. Auch der Klabautermann ist positiv besetzt, ein kleiner Poltergeist mit Hammer und Pfeife, der nachts das Schiff nach schadhaften Stellen abklopfte (»klabastern«), der Schiffsbesatzung zur Hand ging, sie durch Stürme und Gefahren lotste – allerdings nur, wenn die Besatzung etwas taugte! Mancher Seemann erzählte von Kommandos zum Segeleinholen, die das Schiff retteten – die aber keiner der Besatzung gegeben hatte. Der Klabautermann sorgte dafür, dass das Richtige geschah. Nur wenn er dem Kapitän erschien, bedeutete das Unglück.

Ein treuloser Ritter und liebende Bräute

Auffällige Landschaftsformen inspirierten die Menschen zu Geschichten über ihre Entstehung – wissenschaftlich natürlich nicht haltbar, aber offenbar so berührend, dass sie immer weiter überliefert wurden. So sollen Riesen den Priwall bei Travemünde gebaut haben, die schmale Landzunge, die Trave und die Pötenitzer Wiek trennt. Aus Langeweile ließen sie Steine über die Oberfläche des Wassers hüpfen, so viele, bis die Trave zugeschüttet war. Als sie

»... ich sah nichts als die gelbgrauen Wellen, die unaufhörlich wie mit Wutgebrüll an den Deich hinaufschlugen (...) dahinter wüste Dämmerung, die Himmel und Erde nicht unterscheiden ließ; (...)«
Theodor Storm: Der Schimmelreiter, 1888

Die Findlinge des Großsteingrabs Visbeker Braut sind der Sage nach versteinerte Hochzeitsgäste.

dies bemerkten, räumten sie einige Steine beiseite und türmten sie übereinander. Das Wasser floss wieder und daneben entstand der Priwall. Der Ukleisee bei Malente in der Holsteinischen Schweiz ist der Sage nach Folge des Treuebruchs eines Ritters einem hübschen Mädchen gegenüber, das vor Kummer starb. Zur Trauung des Ritters brach ein gewaltiges Unwetter los. Kirche und schuldige Hochzeitsgäste versanken in den Regenfluten. An dieser Stelle breitet sich seitdem der Ukleisee aus.

Berge und Felsen in Niedersachsen, besonders solche, die unvermittelt aus der eiszeitlich geformten Landschaft aufragen, regten gleichfalls die Fantasie der Menschen an.

Die Findlinge bei Visbek gehen, so weiß es der Volksmund, auf die Festzüge einer Braut und ihres Bräutigams zurück, die zu Stein erstarrten, weil die Braut einen anderen liebte und den von den Eltern Erwählten nicht heiraten wollte.

Die höchste Düne von St. Peter Ording an der Nordsee ist ebenfalls mit einer traurigen Sage über Liebe, Treue und Tod verbunden.

Die Natur ist Quelle und Gegenstand zahlreicher Sagen im Norden und Nordwesten. Sie erzählen von magischen Wesen, von Gott und seinem großen Gegenspieler, von guten und bösen Menschen. Häufig enthalten sie ein moralisches Moment: Unrecht wird konsequent bestraft, Redlichkeit dagegen belohnt.

Kliff von Morsum Über knapp zwei Kilometer Länge erstreckt sich zwischen Hindenburgdamm und dem Ort Morsum auf der Nordseeinsel Sylt das Kliff von Morsum. Drei Erdschichten, 3–8 Millionen Jahre alt, befinden sich dort überraschenderweise nebeneinander statt übereinander. Der Sage nach wohnen unter der beeindruckenden Steilküste und der dahinterliegenden Heide Zwerge, die Önereersken.

Düstere Prophezeiung Beim Bau des Kirchturms von St. Severin in Keitum auf Sylt im 13. Jahrhundert wurde eine unselige Prophezeiung ausgesprochen: Die Glocke werde eines Tages herabfallen und den schönsten Jüngling der Insel erschlagen. Später werde der ganze Turm zusammenbrechen und die schönste Jungfrau unter sich begraben. Tatsächlich fiel 1739 die schwere Glocke herab und erschlug einen jungen Seemann. Junge Frauen sollen den Turm seitdem meiden …

Am Westerhever Wattenmeer auf der Halbinsel Eiderstedt soll einst das Reich der bösen Wogenmänner gewesen sein, die das Land verwüsteten und Jungfrauen entführten und schändeten, bis ein mutiges Mädchen dem bösen Treiben ein Ende setzte.

Die höchste Düne von St. Peter-Ording trägt den Namen eines jungen Mädchens, Maleens Knoll. Der Sage nach wartete sie dort allabendlich auf ihren Bräutigam, einen Seemann. Eines Abends fand man sie tot. Wenig später wurde die Leiche ihres Bräutigams an den Strand gespült, der den gleichen Ring am Finger trug wie Maleen …

»Ans Haff nun fliegt die Möwe,
Und Dämmerung bricht herein;
über die feuchten Watten
Spiegelt der Abendschein.«

Theodor Storm: Am Meeresstrande

»Schwester von dem ersten Licht,
Bild der Zärtlichkeit in Trauer,
Nebel schwimmt mit Silberschauer
Um dein reizendes Gesicht.
Deines leisen Fußes Lauf
Weckt aus tagverschlossnen Höhlen
Traurig abgeschiedne Seelen,
Mich, und nächt'ge Vögel auf.«

Johann Wolfgang von Goethe: An Luna

Geheimnisvolle Seenlandschaft Um die eiszeitlichen Seen in der Holsteinischen Schweiz bei Malente ranken sich einige Sagen, etwa jene von der Bräutigamseiche oder die Sage vom Ukleisee (Bild links).

Freischütz Das 1587 vollendete Renaissance-Wasserschloss Glücksburg an der Flensburger Förde war einst Sitz der Herzöge von Schleswig-Holstein-Glücksburg. Es ist untrennbar verbunden mit der Sage vom Freischütz, einem Jäger in Diensten des Herzogs, der erst gar nicht und dann zu gut traf und ein schlimmes Ende nahm.

Besonders mystisch zeigt sich das Wattenmeer vor Wremen an der Wesermündung bei Ebbe im Winter. Einer Legende nach entstand die Nordsee, als der König von Jütland die Königin von England nach langem Werben doch nicht freite, sondern sich in ein junges Mädchen verliebte. Aus Wut darüber befahl die Verschmähte, die Landschaft zwischen England und Frankreich wegzuschaufeln. Nach sieben Jahren brachen die Fluten vom Ärmelkanal in diesen Graben und rissen neben vielen Tausend Menschen auch die Königin mit sich fort, die von einer Insel aus den Wassereinbruch beobachten wollte.

Symbolträchtige Wahrzeichen Fast triumphierend thronen die Zwillingsmühlen von Greetsiel im westlichsten Teil Ostfrieslands. In dieser Gegend war nicht nur der berühmte Freibeuter Klaus Störtebeker zeitweilig zu Gast. Im 16. Jahrhundert, als an dieser Stelle vermutlich ältere Bocksmühlen standen, wurde bei Greetsiel der kaum weniger berüchtigte Seeräuber Claus Kniphoff von Hamburger Seeleuten nach erbittertem Kampf überwältigt. Fortan konnten über das Greetsiel-Tief wieder unbehelligt Getreide und Handelsgüter transportiert werden.

Ein legendärer Berg Der Sage nach entstand der Plytenberg im ostfriesischen Leer in einer Zeit, als es noch Riesen gab. Zwei Riesinnen spielten auf den Ostfriesischen Inseln Baltrum und Juist und nahmen Dünensand in ihren Schürzen mit nach Hause. Sie liefen übers Watt und an der Ems entlang, jede auf einer Seite. Aus den Schürzen rieselte unbemerkt etwas Sand. So entstanden die Deiche. Kurz vor Leer, wo die Ems nach rechts abknickt, sprang die eine Riesin über die Ems zur anderen. Dabei riss die Schürze und der Sand daraus bildete einen großen Haufen – den Plytenberg.

Unheimliches Wittmoor Das Hochmoor erstreckt sich vom Norden Hamburgs bis nach Norderstedt in Schleswig-Holstein. Moore galten in alter Zeit als Tor ins Jenseits. Die häufig gesichteten Irrlichter waren dem Volksglauben nach die Seelen Gestorbener, die nicht ins Jenseits hinübergehen durften. Sie blieben im Moor und lockten andere Menschen ins Verderben – manchmal halfen sie Verirrten aber auch.

Teuflisches Bülzenbett Als Bett bezeichnet man Hünengrabanlagen wie diese bei Sievern im Kreis Cuxhaven. Das Bülzenbett soll, so eine Sage, eine Opferstätte des Teufels gewesen sein: Die Heiden opferten ihre Gefangenen dem Teufel. Als eines Tages ein Priester dorthin kam, flüchtete der Beelzebub und hieb aus Wut den obersten Stein entzwei.

Die schöne Hase, ein Nebenfluss der mittleren Ems, hat Besonderes zu bieten: ein Binnendelta und eine Bifurkation, eine Gabelung, bei der das Wasser eines Arms in ein anderes Flussgebiet, hier zur Weser, abfließt. In der Hase soll auch eine Nixe wohnen, die das Ufer gewiss zum Sonnenbaden aufsucht. Nur wenn die Schöne mit dem schillernden Fischschwanz die wahre Liebe eines Menschen gewinnt, kann sie der Verdammnis entkommen …

Haselünner Wacholderhain Der größte zusammenhängende Wacholderhain Deutschlands liegt bei Haselünne im Emsland und erstreckt sich über eine Fläche von mehr als 30 Hektar. Seit dem Mittelalter wird der Hain als Weide genutzt. Derzeit verhindern schottische Hochlandrinder die Verbuschung. Die untergehende Sonne taucht das Areal in ein fast mystisches Licht. Wacholder dient seit alters her als Heilpflanze. Der Volksglaube sah in ihm aber auch ein Mittel, Hexen und Dämonen von Haus und Hof fernzuhalten. Deshalb wurden Wacholderzweige auch gern über Türen angebracht.

Ewige Ruhe Das Pietzmoor, größtes zusammenhängendes Moor der Lüneburger Heide, befindet sich bei Schneverdingen. Seit jeher hat es die Menschen fasziniert, aber auch beunruhigt. Die stille, fast mystische Landschaft scheint einige Geheimnisse zu bergen. Zuweilen wurden im Moor auch Menschen geopfert oder begraben. Die Germanen versenkten auch die Waffen ihrer geschlagenen Feinde darin – vielleicht, um ihrem Sieg Ewigkeit zu verleihen.

Der Boden schwankt Das Goldenstedter Moor ist Teil der Diepholzer Moorniederung, eine der größten zusammenhängenden Hochmoorlandschaften Deutschlands. Die Menschen empfanden das Ödland seit jeher als unheimlich: Der Boden schwankte und schmatzte, sie fürchteten, vom Moor hinuntergezogen zu werden, falls sie den rechten Weg verlören. Sagen und Geschichten von Moorleichen und Irrlichtern nährten diese Ängste.

Geisterreich Totengrund Um den etwa 30 Hektar großen Talkessel in der Nähe von Wilsede in der Lüneburger Heide, eine flachwellige Moränenlandschaft, ranken sich mehrere Geschichten. Eine besagt, dass die Menschen früher die Toten in einem Leichenzug durch das Tal zum Begräbnis fuhren, weil die eigentlichen Straßen dazu nicht benutzt werden sollten. Die Geister der Toten sollen noch heute im Totengrund fortleben – daher der Name. Eine andere Mutmaßung lautet, dass einst ein Meteoriteneinschlag alles Leben dort auslöschte und nur den »Totengrund« übrigließ.

Die Wasserburg Schelenburg in Schledehausen liegt zwischen Wiehengebirge und Teutoburger Wald bei Osnabrück. Sie präsentiert sich heute im Stil der Renaissance, geht aber auf einen älteren Bau aus dem 12. Jahrhundert zurück. Fröhliche Ritterfeste kann man sich in dem alten Gemäuer ebenso vorstellen wie finstere Geschichten, wie jene von Jahn von Oesterieke, dem Herzog Johann von Schwaben, der beim Versuch, die Schelenburg zu überfallen, ums Leben kam.

Eine uralte Linde Ein Riese soll hier einst einen Baum ausgerissen haben, um sich damit Erdklumpen von den Schuhen zu kratzen. Nach getaner Arbeit ließ er Klumpen und Baum einfach liegen, und so wuchs die Linde auf dem Hügel heran. Heute ist die Tumuluslinde auf dem etwa 3500 bis 6000 Jahre alten Hügelgrab in Evessen bei Wolfenbüttel geschätzte 800 Jahre alt. Sie ist innen hohl und trieb durch den mächtigen Stamm Wurzeln in den Boden, um zu überleben.

Legendäre Zwergin Die Rhumequelle bei Rhumspringe im Harz ist der Legende nach eine Zwergentochter, Ruma, die sich in eine Quelle verwandelte, als ihr Vater sie gefangen hielt. Ruma liebte den Riesen Romar – gegen den Willen ihres Vaters. Der Zwergenkönig tötete das Kind der beiden, Ruma entkam ihm aber, denn als Tochter einer Nixe konnte sie sich in die Quelle verwandeln. Noch heute soll sich die Quelle bisweilen vom Blut des getöteten Kindes rot färben. Ansonsten liegt sie aber blaugrün schimmernd unter dem Blätterdach – auch im Sommer tanzen Nebel über das stets gleich temperierte, kühle Wasser.

Schauerlich sind die Anfänge des Klosters Hude bei Oldenburg im 12. Jahrhundert. Als Graf Christian von Oldenburg nach seiner Rückkehr von den Kreuzzügen ermordet wurde, stifteten Mutter und Bruder das Kloster zu seinem Seelenheil. Im 16. Jahrhundert wurde es aufgegeben. Heute bietet das wild-romantische Kloster mit Galerie und Ausstellungen die perfekte Kulisse für Kunst.

Einsamer Kampf Die Wolfswarte bei Altenau im Harz ist eine waldlose Kuppe aus Acker-Bruchberg-Quarzit. Ihren Namen erhielt die Kuppe, die von Weitem aussieht, als hätte ein Riese Steine aufgetürmt, der Sage nach durch eine besondere Begebenheit: Ein Hirte erwehrte sich an diesem Platz mehrere Tage lang eines hungrigen Rudels Wölfe. Von der Wolfswarte aus genießt man heute einen atemberaubenden Blick über den Harz, bei guter Sicht bis zum Brocken (nachfolgende Doppelseite).

Wo Hase und Igel um die Wette liefen

Marsch und Geest um Buxtehude, die Wälder rund um Bremen oder die Höhle im Ith bei Hameln – die Landschaftsformen des Nordwestens sind nicht nur Kulisse für zahlreiche Sagen, sie brachten auch Märchen hervor, die Kinder seit Generationen begleiten und begeistern. Die Brüder Grimm schufen 1812–58 eine der bekanntesten Sammlungen von Kinder- und Hausmärchen. Die Deutsche Märchenstraße, eine der beliebtesten Freizeitrouten durch Deutschland, führt seit 1975 an Orte, wo Grimm'sche Märchen spielen oder wo sie der Volksmund im Laufe der Zeit verortete, weil Landschaft oder Bauwerke dazu inspirierten.

Die Bremer Stadtmusikanten am Rathaus der Stadt Die Beine des Esels sind blank poliert – sie anzufassen, soll Glück bringen.

Buxtehude, weit im Norden, ist umgeben von Marschland, Geestrücken, stillen Mooren und den malerischen Flussauen der Este. Man braucht nicht viel Fantasie, um sich den Wettlauf zwischen Hase und Igel, den die Grimms in ihrem gleichnamigen Märchen erzählen, an einem sonnigen Morgen auf einem der lang gezogenen Felder vorzustellen. Der Hase, der sich zuvor über die krummen Beine des Igels lustig machte, wird dabei Opfer einer List. Während der Hase die vereinbarte Strecke übers Feld tatsächlich zurücklegt, macht der Igel nur ein paar Schritte. Am anderen Ende des Feldes hat er seine ihm zum Verwechseln ähnliche Frau postiert, die sich erhebt, wenn der Hase herangestürmt kommt. 73-mal rennt der Hase gegen den Igel das Feld auf und ab und jedes Mal ruft ihm der Igel am Ende entgegen: »Ich bin schon da.« Beim 74. Rennen bricht der Hase zusammen und stirbt. Der Igel und seine Frau streichen den Wettgewinn ein und gehen vergnügt nach Hause.

Ebenfalls im Norden, in weiten Grünlandebenen mit schattigen Wäldern, ist das Märchen von den Bremer Stadtmusikanten angesiedelt – die allerdings Bremen nie erreichten. Zwar wollten der Esel, der Hund, die Katze und der Hahn dorthin gehen, um als Stadtmusikanten besser zu leben als zu Hause, wo ihre Besitzer die in die Jahre gekommenen Tiere schlecht behandelten. Aber auf dem Weg in die Stadt fanden sie im Wald ein Haus, dessen Bewohner Räuber waren. Die vertrieben die Tiere mit ohrenbetäubendem »Gesang« und lebten dort fortan glücklich bis an ihr Lebensende.

Aschenputtel, ein Lügenbaron und Dr. Eisenbarth

Hameln im Weserbergland und eine Höhle am Koppenberg im nördlichen Ith sind die Schauplätze des Märchens vom »Rattenfänger von Hameln«. Der um seinen Lohn betrogene Ratten- und Mäusefänger lockte aus Rache alle Kinder Hamelns mit seiner Pfeife an und führte sie aus der Stadt in die besagte Höhle, wo sie für immer verschwanden.

Das Weserbergland mit seinen Höhenrücken und geschwungenen Tälern im Norden und den ausgedehnten Waldflächen im Süden ist auch Schauplatz weiterer Märchen. Der Stadt Polle wurde

»Der Esel mußte sich mit den Vorderfüßen auf das Fenster stellen, der Hund auf des Esels Rücken springen, die Katze auf den Hund klettern, und endlich flog der Hahn hinauf und setzte sich der Katze auf den Kopf. Wie das geschehen war, fingen sie auf ein Zeichen insgesamt an, ihre Musik zu machen: der Esel schrie, der Hund bellte, die Katze miaute und der Hahn krähte …«
Brüder Grimm: Kinder- und Hausmärchen

das Märchen vom Aschenputtel »angedichtet«. Und tatsächlich, in die Burg der Grafen von Everstein aus dem 12. Jahrhundert, deren Ruine hoch über der Stadt auf einem Bergsporn thront, hätte Aschenputtels Prinz seine Braut wirklich entführen können. Vom Burgturm aus hätte sie einen herrlichen Blick auf das Tal der Weser und die Mittelgebirge Vogler und Solling. Ein Zimmer in der Burg wurde liebevoll als Aschenputtel-Zimmer hergerichtet. Dort sitzt die Märchenfigur am offenen Herd mit flackerndem Feuer, eine Schale voll Erbsen und Linsen auf dem Schoß, umringt von den weißen Tauben, die ihr beim Sortieren der Linsen und Erbsen helfen. Jedes Jahr werden von Mai bis Oktober an jedem dritten Sonntag in der Burg von Polle beim Aschenputtel-Spiel die Figuren des Grimm'schen Märchens lebendig: die böse Stiefmutter, die Stiefschwestern, Aschenputtels Vater und natürlich das Brautpaar.

Der Lügenbaron Münchhausen war in der Nachbargemeinde Bodenwerder an der Weser auf einem ererbten Gut zu Hause. Nicht nur die Grimms, nein, auch andere Autoren setzten Hieronymus Carl Friedrich Freiherr von Münchhausen (1720–1797) ein literarisches Denkmal. Der Baron, den es tatsächlich gab und der es verstand, seine Zuhörer mit seinen Erzählungen zu unterhalten, war allerdings nicht begeistert davon, dass ihm bizarre Lügengeschichten angedichtet wurden. Der Popularität der etwa 100 Geschichten tat dies keinen Abbruch. Sein Ritt auf der Kanonenkugel beispielsweise oder die Schilderung, in der er sich und sein Pferd am eigenen Schopfe aus dem Sumpf herauszieht, sind nach wie vor beliebte Geschichten.

Im südlichsten Zipfel Niedersachsens, am Zusammenfluss von Fulda und Werra zur Weser und am Fuße dreier Mittelgebirge, deren Ausläufer bis an dieses Tal reichen, liegt Hannoversch Münden. Dort praktizierte einst der legendäre aus Oberviechtach stammende Dr. Johann Andreas Eisenbarth (1663–1727), der aufgrund seiner augenärztlichen Kunst zu großem Ruhm gelangte und sogar vom preußischen König Friedrich Wilhelm I. als Hofarzt berufen wurde. Diese Verdienste wurden aber erst vor einigen Jahrzehnten wiederentdeckt, legendär wurde er ungerechterweise durch ein Spottlied, das ein Student 70 Jahre nach seinem Tod dichtete und das ärztliche Wunderheiler-Kunst generell lächerlich macht. Seine Lebensgeschichte wurde in Romanen verarbeitet, sie war auch Stoff einer Oper und einer Operette. Noch heute begrüßt Dr. Eisenbarth Patienten im historischen Ambiente der Altstadt von Hannoversch Münden zur Sprechstunde, stilgerecht im barocken Gewand.

Auf ewig verschwunden Aus der Rattenfänger-Höhle bei Hameln kehrte dem Märchen zufolge kein Kind je zurück.

Der Weststrand auf der Halbinsel Darß-Zingst gilt als einer der schönsten Strände der Ostsee. Das davor gelagerte Fischland soll der Sage nach durch einen fürchterlichen Sturm entstanden sein, der vor vielen Jahren über der Ostsee wütete und ein Stück Land von einer dänischen Insel abriss. Dieses trieb dann weiter bis Dierhagen und Darß, versperrte den Zugang zum Meer und bildete dadurch eine Brücke zwischen Festland und Darß. Einst soll auf dem Dierhäger Feld das Schloss einer Prinzessin gestanden haben.

NORDOSTEN

Steile Klippen, tiefe Seen und labyrinthische Flussläufe

Rügen | Ostseeküste | Mecklenburgische Seenplatte | Uckermark | Spreewald

Teufel hinterm Pflug, Ritter im Grützpott

Brandenburg und Mecklenburg-Vorpommern mit ihren unzähligen Seen und Flüssen, geheimnisvollen Wäldern und historischen Stätten weisen eine große Vielfalt an Sagen und Legenden auf, die zum Teil noch aus vorchristlicher und slawischer Zeit stammen. Die meisten sind nur regional bekannt. Wer aber hat noch nicht von Klaus Störtebeker gehört, dem furchtlosen, vermutlich aus Wismar stammenden Freibeuterkapitän? Im Schoritzer Wiek, einer flachen Bucht im Rügischen Bodden, soll sich sein Grab befinden.

Der Stechlinsee bei Neuglobsow, durch den Roman »Der Stechlin« (1897) von Theodor Fontane über die Grenzen hinaus bekannt, ist mit 70 Metern der tiefste See Brandenburgs. An manchen Stellen erheben sich steile Hügel bis dicht unter die Wasseroberfläche, und versunkene Baumstämme und Wasserpflanzen machen den Fischern seit jeher die Arbeit schwer. Angeblich kann, so der Volksglaube, kein Gewitter über das Gewässer hinwegziehen. Es heißt, in der Tiefe des Sees wache der rote Hahn. Einst zog er Minack, den Fischer, unter Wasser, als dieser ungeachtet aller Warnungen an einer besonders gefährlichen Stelle seine Netze ausgeworfen hatte.

Nicht nur die Ostsee, auch die zahlreichen einzigartigen Gewässer im Binnenland wie Spree und Stechlin boten vielfältigen Stoff für Sagen.

Um den Herthasee in den Buchenwäldern der Stubnitz auf Rügen, heute im Nationalpark Jasmund, rankt sich eine Sage aus heidnischer Zeit: Auf dem Seegrund sollen die Wagen der germanischen Göttin Hertha stehen. Viermal im Jahr fuhr sie damit in Begleitung eines Priesters um die Erde und sorgte für reiche Ernte. Nach ihrer Heimkehr wurden die Wagen sowie die Gewänder und ein Bildnis der Göttin im Herthasee gereinigt. Die Sklaven, die diese Arbeit verrichteten, wurden anschließend ertränkt, sodass niemand das Geheimnis preisgeben konnte. Mit dem Christentum verschwand die Göttin. Wer den See heute besucht, kann sich gut vorstellen, dass auf seinem Grund immer noch die göttlichen Gerätschaften auf ihren Einsatz warten.

Ob kleine Bäche wie die Briese bei Birkenwerder, wo des Nachts Irrlichter umherschwirrten und einsame Wanderer verschreckten, oder Ströme wie die Oder – auch die Fließgewässer sind Quell vieler Geschichten. Die wohl bekanntesten stammen aus dem Spreewald, jener Auenlandschaft aus einem 1500 Kilometer langen Wassernetz, geheimnisvollen Sümpfen und dichten Wäldern. Im Land der slawischen Sorben wird nicht die letzte Eiszeit, sondern der Teufel höchstpersönlich für die einzigartige Landschaft verantwortlich gemacht. Er pflügte das Bett der Spree und verfluchte die vorgespannten Ochsen, weil sie ihm nicht schnell genug waren. Daraufhin flohen die Tiere samt Pflug und hinterließen ein Delta mit unzähligen kleinen Wasserläufen, den Fließen. Im Spreewald tragen die Hausgiebel stilisierte Schlangenköpfe. Sie erinnern an die Legende vom Schlangenkönig, der einst mit anderen Schlangen auf einer Lichtung spielte und seine Krone auf einem weißen Tuch ablegte. Ein fremder Graf beobachtete dies, stahl in einem unachtsamen Moment die Krone und floh. Er kam zu großem Reichtum und nahm als Dank eine gekrönte Schlange zum Wappentier.

Hünengräber und Gespensterwald

Die zweite große Auenlandschaft im Nordosten, das Odertal, ist seit jeher Grenzland. Die Sage vom Grützpott spielt darauf an. Der steinerne Wachturm wurde von den Herzögen von Pommern erbaut (ca. 11. Jahrhundert). Die Slawen hatten an dieser Stelle bereits eine Wallanlage errichtet. Im Mittelalter soll dort der Raubritter Tiloff sein Unwesen getrieben haben. Nach seinem Tod stürmten die Bauern der Umgebung wutentbrannt den Turm. Von den verbliebenen Rittern wurden sie mit Pech und Teer und zuletzt mit heißer Grütze beworfen, woraufhin einer der Angreifer schwor, den »Grützpott« auszuräuchern. Er schlug das Burgtor ein und das Raubritternest wurde – bis auf den Turm – geschleift.

Im heutigen Mecklenburg-Vorpommern regten auch prähistorische Steingräber und Grabhügel die Fantasie der Menschen an. In

»Ich bin die Mark durchzogen und habe sie reicher gefunden, als ich zu hoffen gewagt habe.«
Theodor Fontane

Von der stillen Magie des Stechlinsees ließ sich schon Theodor Fontane bezaubern. Wie ein Kreuz geformt, friert der See im Winter angeblich nicht zu.

den Wäldern um Ankershagen am Nordrand des Müritz-Nationalparks befinden sich Großsteingräber aus der Jungsteinzeit, im Volksmund auch Hünengräber genannt. Der Grabhügel »Königswiege« nahe des Nationalparkeingangs Friedrichsfelde auf dem Glockenberg ist der berühmteste unter ihnen. Der Sage nach soll dort ein Fürst sein Lieblingskind in einer goldenen Wiege begraben haben. Auf Rügen gibt es bronzezeitliche Großsteingräber wie den Dobberworth, eine Sippengrabstätte, um die sich die Legende einer unglücklich verliebten Riesin rankt, oder den Riesenberg bei Nobbin. Der »Himmel« von Silmenitz, ein Großsteingrab unter alten Eichen, gleicht einem Gemälde aus der Zeit der deutschen Romantik.

An vielen Orten ziehen knorrige Eichen, ausladende Linden und verwachsene Hainbuchen die Menschen bis heute in ihren Bann. Der Nienhäger Gespensterwald mit seinen bizarren »Windflüchtern« am Ostseestrand bei Bad Doberan ist so ein Ort. Auch auf der Halbinsel Darß schuf der immerwährende Ostseewind hinter dem Weststrand einen wildromantischen Wald. Die Krüppelbuchen im Hexenwald bei Lietzow auf Rügen hingegen verdanken ihre Erscheinung einer seltenen genetischen Mutation.

Schlösser, Herrensitze und Klöster, häufig zu Ruinen zerfallen, zeugen von einer bewegten Vergangenheit, die sich gleichfalls in Legenden widerspiegelt. Über das Kloster Chorin etwa wird eine gruselige Geschichte erzählt. Dort suchten zwei junge Männer nach einem sagenhaften Goldschatz. Einer musste dabei sein Leben lassen und wurde in Stücke gehackt, der andere floh in Panik und ohne den Schatz.

Wer die weiten, dünn besiedelten Landschaften des Nordostens bereist hat, ist versucht, an manche dieser Legenden zu glauben. Besonders dann, wenn in der Herbstdämmerung weiße Nebelschleier von den Wiesen und Feldern aufsteigen.

»Vor vielen Jahren waren einmal ein Paar Leute zu Nobbin, die sahen in einer Nacht ein helles Feuer in der Mitte der Steine brennen. Sie glaubten, dass sie den Schatz nur so heben könnten, und fingen alsbald an zu graben: aber sie starben plötzlich noch in derselben Nacht.«

Jodocus Donatus Hubertus Temme: Die Volkssagen aus Pommern und Rügen

Unter Stein Das Großsteingrab Riesenberg bei Nobbin ist eines von vielen Steinzeitgräbern auf Rügen, um die sich alte Legenden ranken. Der Sage nach soll darunter ein vornehmer Heide mit vielen Schätzen begraben liegen. Der Teufel aber, der diese Schätze bewache, verhindere, dass man an sie herankommt. Tatsächlich stammt das Dolmengrab aus der Jungsteinzeit, seine Grabbeigaben wurden im 20. Jahrhundert gefahrlos geborgen.

Königlicher Sitz Seit der Romantik ziehen die Kreidefelsen von Rügen Besucher in ihren Bann. Der bekannteste von ihnen, der Königsstuhl, war der Sage nach dem König der Insel vorbehalten. Dieser musste aber erst den 118 Meter hohen Felsen von der Seeseite her, etwa vom Kieler Ufer aus (Bild), besteigen, um dann auf dem steinernen Stuhl gekrönt zu werden.

Fundsache Die Schoritzer Wiek im Süden Rügens hat ihre eigene Legende: Anna Susanna, die größte der Kirchenglocken von Sankt Laurentius in Zudar, soll von einer Sturmflut an die Ufer der Wiek geworfen und von einem Mädchen gefunden worden sein.

Hexenwald Die Krüppelbuchen im Hexenwald bei Lietzow auf Rügen verdanken ihre Erscheinung einer seltenen genetischen Mutation. Was die Erscheinung jedoch nicht weniger eindrucksvoll – und unheimlich – macht. Der Volksmund nannte die Süntelbuche daher nicht überraschend »Hexenbuche«.

Geisterarme Bleiche Äste tanzen gen Himmel. Der Nienhäger Gespensterwald bei Bad Doberan fasziniert durch seine »Windflüchter«. Auf 1300 Metern Länge und 100 Metern Breite stehen Eichen, Buchen und Eschen, die der stetige und salzige Ostseewind geformt hat.

Eine mystische Atmosphäre umgibt den fischreichen Boitiner See vor allem in Vollmondnächten. Die Aura des nahen Boitiner Steinkreises scheint bis hierher zu reichen.

Vom Boitiner Steintanz, einer prähistorischen Kult- und Begräbnisstätte bei Bützow, erzählt man sich, dass die Felsen eigentlich die verzauberten Gäste einer Bauernhochzeit sind. Diese kegelten auf dem Fest einst mit Brot, Kuchen und Würsten und verspotteten einen alten Mann, der sie aufforderte, den Frevel zu beenden. Zur Strafe wurden alle in die Steine verwandelt, die heute noch zu sehen sind.

Grausame Hexenverfolgungen und damit verbundene Legenden gab es rund um Ulrichshusen und die wüste Kirche Domherrenhagen. Sie allein war von der Rodungssiedlung übrig, die Mitte des 15. Jahrhunderts ausgelöscht wurde – weshalb, ist bis heute ungewiss.

Baum und Stein scheinen miteinander verwachsen zu sein. Die Ruinen von Schloss Putzar, das eigentlich aus zwei Herrenhäusern besteht, die zu Beginn des 16. Jahrhunderts – vermutlich auf den Resten einer frühdeutschen Turmhügelburg – erbaut wurden, fesseln den Betrachter noch heute. Im angrenzenden Park steht auf dem »Verlobungshügel« eine mächtige Stieleiche mit einem Durchmesser von zwei Metern.

»Die Irrwische, welche nachts an den Ufern und Feldrainen hin und her streifen, sollen ehdem Landmesser gewesen sein und die Marken trüglich gemessen haben. Darum sind sie verdammt, nach ihrem Leben umzugehen und die Grenzen zu hüten.«

Die verwünschten Landmesser, aus: Jacob und Wilhelm Grimm, Deutsche Sagen

Rund um Rambow, einer ehemals wendischen Siedlung in der Mecklenburgischen Seenplatte (Bild links), finden sich Grabfelder und Grabstätten mit Überresten aus der Stein- und Bronzezeit, auch in der Nähe dieses Bruchwalds.

Ruhig und friedlich liegt es da, das Hügelgrab »Königswiege« am Glockenberg bei Ankershagen. Der Sage nach soll einst ein heidnischer Fürst hier sein Lieblingskind in einer goldenen Wiege bestattet haben.

Schloss Bothmer im Klützer Winkel ist die größte erhaltene Barockanlage Mecklenburg-Vorpommerns. Es wurde im 18. Jahrhundert nach englischen und niederländischen Vorbildern erbaut und diente später als Altenheim und Filmkulisse. In der Klützer Gegend erzählt man sich die Sage vom Waul oder Nachtjäger, einem alten Jäger, der sich zu Lebzeiten gewünscht hat, ewig jagen zu können. Dieser Wunsch wurde ihm erfüllt, und so streift er mit seinen Hunden auf immer durch die Lande.

Ende einer Ritterburg Lang hatten die Raubritter im Odertal ihr Unwesen getrieben, nun war die Stunde der Rache gekommen: Dabei bekam der Stolpener Schmied, der bei der Eroberung des Raubritternests auf der obersten Sprosse der Sturmleiter stand, eine Ladung Grütze auf seine Sturmhaube. Wutentbrannt rief er: »Den Grützpott wärn wir bald utschüre.« Mit voller Wucht rammte er seine Eisenstange gegen die Bohlentür des Turms. Das Holz krachte und splitterte, und die erbitterten Bauern drangen in den Bergfried ein. Das war das Ende des Raubnestes. Die Burg zerfiel, nur die Mauern des Bergfrieds ragten noch auf, im Volke »Grützpott« geheißen.

Der Westflügel von Burg Freyenstein könnte direkt einem Märchen entsprungen sein. Wie viele Schlösser in Mecklenburg hatte das Gebäude eine wechselvolle Geschichte: Möglicherweise ist Burg Freyenstein aus einer erstmalig 1332 erwähnten Raubritterburg hervorgegangen. Erbaut im 14. Jahrhundert, wurde die Anlage zu Beginn des Dreißigjährigen Kriegs verkauft und verfiel. Später wurde die Burg zweckentfremdet und diente als Brauhaus und Branntwein-Destille. Heute wird sie wieder aufgebaut. Eine Besonderheit sind die aufwendigen Terrakotta-Verzierungen.

Mit den Wasserlandschaften im heutigen Nationalpark Unteres Odertal (rechts: der Wesensee im Biosphärenreservat Schorfheide-Chorin, unten: Polderwiesen bei Stolp) verbinden sich viele Sagen und darauf basierendes Brauchtum, so etwa das Wäsche-Verbot zwischen Weihnachten und Neujahr.

»Zwischen Weihnachten und Neujahr soll man nicht waschen. Wenn man die Wäsche in einem Kahn über die Oder fahren will, so taucht aus dem Wasser ein Geist drohend empor. Fährt der Betreffende zurück, so findet er zu Hause ein Geldstück als Belohnung. Versucht er die Fahrt trotzdem, so geht der Kahn unter und niemand kann ihn retten.«

Gerhard Hänsel: Uckermärkische Sagen

Das ehemalige Zisterzienserkloster Chorin mit seinen Ruinen (Bild: Klosterkirche, 1273–1334) ist nicht nur ein Juwel der Backsteingotik, sondern auch ein Ort geheimnisvoller Legenden und Geschichten. Durch das Kloster soll einst eine weiße Frau mit einem großen Schlüsselbund und gelben Pantoffeln umhergeirrt sein. Eine andere Sage berichtet von Fröschen, die durch ihr Quaken die Mönche bei der Andacht störten. Die frommen Brüder flehten um Gottes Beistand, seither sind die Frösche stumm.

Um die wüste Kirche bei Berkenlatten ranken sich traurige Geschichten. Einst soll hier ein Amtmann seine drei Töchter mit einem bösen Zauber geopfert haben, um dem eigenen Tod zu entgehen. Ihre weißen Gestalten sah dann zur Geisterstunde der Pfarrer in der Kirche bei der Andacht. Und die dunklen Flecken am Westgiebel, die bis zur Mitte des 19. Jahrhunderts zu sehen waren, sollen vom Blut eines unglücklich verliebten Edelmanns stammen, der sich hier aus Gram erschoss.

»Vor vielen, vielen Jahren lebte in Boitzenburg ein ehrsamer Böttchermeister. In einer Nacht rief ihn eine unbekannte Stimme ins nahe Kloster. (…) Der Meister stand auf, und als er vor die Tür trat, empfing ihn ein Mann mit langem weißen Barte und führte ihn durch mehrere unterirdische Gänge in einen großen Keller, wo viele Fässer standen, die bis zum Rand mit Gold und Silber angefüllt waren. Hier erhielt nun der Böttchermeister den Auftrag, diese Fässer mit neuen Reifen zu versehen. (…) Auf einmal erfasste ihn ein Grausen; er ließ sein Handwerkszeug liegen und lief, was er laufen konnte, nach Hause. (…). Als der Böttcher am andern Morgen aufwachte, da lag sein Handwerkszeug neben dem Bett und dabei ein Haufen Gold.«

Sagenschatz der uckermärkischen Kreise Prenzlau und Templin

Vom Zisterzienserkloster Himmelpfort in Boitzenburg in der Uckermark (Bild links), das um 1300 gegründet und 1541 als eines der ersten Klöster der Region säkularisiert wurde, sind aufgrund von Kriegen und Bränden nur noch Ruinen erhalten. Doch einige Sagen leben fort.

Gartzer Schrey Düster wirkt der Birkenhain im Gartzer Wald bei Schwedt an der Oder. Nicht weit entfernt liegt der Gartzer Schrey, dessen Name aus dem Dreißigjährigen Krieg stammt. Die von den Schweden an dieser Stelle in die Oder getriebenen Kaiserlichen sollen so laut geschrien haben, dass man sie bis nach Gartz hören konnte.

Brot und Wein Den Mönchen des Klosters Chorin mussten viele Dörfer im Mittelalter Abgaben leisten. Brodowin lieferte alljährlich Brot und Wein – davon soll der Ort seinen Namen erhalten haben.

Lutki und Bludniki Beim Anblick des Frühnebels, der im Spreewald in der Nähe des Ortes Burg durch die Bäume wabert, denkt man unwillkürlich an die vielen Gestalten der sorbischen Sagen. So sorgt die Mittagsfrau dafür, dass die Arbeit ruht. Der Wendenkönig und Krabat sind Figuren mit historischem Hintergrund. Bei den Lutki und den Bludniki handelt es sich um kleine Geister und Elfen, die den Menschen zur Seite stehen.

»Einige Sagen erzählen, den Wendenkönig habe ein Blitz aus einer schwarzen Wolke erschlagen, das Schloss mit seinen Schätzen sei versunken und der König liege in einem silbernen Sarg an unbekanntem Ort.«

Sagenschatz der uckermärkischen Kreise Prenzlau und Templin

Ein mächtiger Wendenkönig Die Dämmerung legt sich über den Sandteich in der Niederlausitz. In dieser Gegend erzählt man sich vom Wendenkönig, der einst über ein mächtiges Reich regiert haben soll. Nach einer Niederlage im Krieg zog er sich mit seinen treuen Gefährten in die wasserreichen Gebiete des Spreewaldes zurück, wo er mit seinem Pferd durch die Lüfte ritt und kostbare Schätze barg.

Eiszeitliches Labyrinth Die ausgedehnte Auen- und Moorlandschaft des Spreewalds ist in der Weichseleiszeit entstanden. Der Sage nach trieb der Teufel seine Ochsen mit dem Pflug durch den Spreewald und verfluchte sie, weil sie ihm nicht schnell genug waren. In Panik flohen die Tiere und hinterließen ein fürchterliches Durcheinander: das Spreewalddelta.

Schlangenkönig Ob es nun der fremde Graf aus Italien war, der einst dem Schlangenkönig seine Krone stahl, oder der geheimnisvolle Wandersmann, der die Spreewälder von ihrer Schlangenplage befreite und dies mit seinem Leben bezahlte – noch heute erinnern die Schlangenköpfe an den Dachgiebeln der Spreewaldhäuser an die alten Legenden.

Burg Kriebstein Die auf einem Felssporn hoch über der Zschopau erbaute Anlage gilt als eine der schönsten Ritterburgen Sachsens. Mit ihrer wechselvollen Geschichte ist die Sage von den treuen Frauen verbunden. Nachdem Dietrich von Staupitz die Burg eingenommen hatte, wurde sie von Markgraf Friedrich dem Streitbaren belagert. Schließlich bat die Gemahlin des Ritters darum, dass die Frauen die Burg mit dem Kostbarsten, was sie tragen könnten, verlassen dürften. Der Markgraf stimmte zu, hatte aber nicht damit gerechnet, dass die Frauen ihre Männer aus der Burg trugen.

OSTEN

Bizarre Felsen und geheimnisvolle Klöster

Harz | Zittauer Gebirge | Sächsische Schweiz | Vogtland | Erzgebirge | Thüringer Wald

Teufelsmauern und verborgene Schätze

Tiefe, dunkle Wälder, zerklüftete Felslandschaften mit steilen Berghängen und wilden Schluchten, versteckte Höhlen und schaurige Moore – der Thüringer Wald und das Erzgebirge, die Sächsische Schweiz und der Harz wirken bis heute wie verwunschene Gegenden. Sie zogen Dichter wie Johann Wolfgang von Goethe und Heinrich Heine und Maler wie Caspar David Friedrich und Adrian Ludwig Richter an. Sie sind zum Schauplatz von Märchen, Sagen und Legenden geworden, die unter anderem die Gebrüder Grimm und Ludwig Bechstein aufzeichneten.

Zwerge und Riesen, Bergmännlein und gespenstische »Weiße Frauen«, Hexen und Teufel, so weiß es die Überlieferung, bevölkern die Wälder und Berge. Sie haben die Landschaft geformt; sie bringen den Menschen, die ihnen begegnen, Rettung oder Verderben.

Den Harz mit dem höchsten Berg Norddeutschlands und das Elbsandsteingebirge prägen bizarre Felslandschaften und hohe, einzeln stehende Gipfel sowie inselartige, oft in Nebel gehüllte Tafelberge.

1824 unternahm Heinrich Heine eine Wanderung durch den Harz, der er, oft witzig-ironisch, in seiner »Harzreise« ein literarisches Denkmal setzte.

Wie mögen sich diese seltsamen Landschaftsformen herausgebildet haben? Die Sagen und Legenden wissen noch nichts von wissenschaftlichen Erklärungen, von tektonischen Erdverschiebungen und Erosion, sie haben poetische Antworten.

Die Entstehung der Teufelsmauer, einer Reihe schroffer, fast 20 Meter hoher Sandsteinfelsen, die sich von Blankenburg bis Weddersleben ziehen, schreibt die Sage, nomen est omen, dem Teufel zu. Als Gott und Teufel in grauer Vorzeit die Erde unter sich aufteilten, sollte der Teufel all das Land erhalten, das er in einer Nacht mit einer Mauer umgeben könne. Doch weil er nicht fertig war, als ein Hahn mit seinem Krähen den Tagesanbruch begrüßte, riss er voller Wut die Mauer bis auf wenige Reste wieder ein.

In den Sagen um den Ilsestein, das Ilsetal und den Ilsefluss vermischen sich Deutungen für die Herausbildung von Landschaften mit Geschichten um »Weiße Frauen«, verstorbene oder verwunschene Frauen, die in einem weißen Gewand wiederkehren. In der Burg auf dem Ilsestein lebte einst ein Riese mit einer schönen Tochter namens Ilse. Sie verliebte sich in einen Ritter, der auf demselben Felsplateau wohnte. Aber ihr Vater war gegen eine Heirat. Deshalb durchschlug er den Felsen, sodass ein tiefes Tal mitsamt Fluss entstand, und Ilse stürzte sich verzweifelt in die Fluten. Doch manchmal kehrt sie, weiß gewandet, zurück und beschenkt die Menschen, die ihr begegnen. Und der nach Ilse benannte Bach, der ins Tal hinabplätschert, kam Heinrich Heine in seiner »Harzreise« (1824) wie eine Prinzessin vor, die anmutig »lachend … den Berg hinabläuft«.

Von Hexen und Berggeistern

Die Sage über die Rosstrappe, ein Felsplateau bei Thale, verknüpft eine Erklärung für eine auffällige Vertiefung, die wie der Hufabdruck eines riesigen Pferdes aussieht, mit dem Motiv bedrängter und geretteter junger Frauen. Der große Hufabdruck soll auf ein reiterliches Bravourstück von Prinzessin Brunhilde zurückgehen. Als sie von dem Riesen Bodo verfolgt wurde, gab sie ihrem Ross die Sporen zu einem wuchtigen Absprung und setzte über eine tiefe Schlucht. Ihr Verfolger hingegen stürzte ab, in einen Fluss, der nach ihm Bode genannt wurde.

Unweit der Rosstrappe befindet sich der Hexentanzplatz, auf dem sich nach Harzer Überlieferungen in der Walpurgisnacht die Hexen versammeln, um zum Tanz auf den Blocksberg zu reiten. Ihrem verwegenen Treiben setzte Johann Wolfgang von Goethe in seinem »Faust« (1808) ein dramatisches Denkmal. Der »zaubertolle« Blocksberg, das ist der Brocken, ein Granitmassiv, das sich als Schauplatz spukhaften Geschehens regelrecht anbietet, ist doch sein Gipfelplateau häufig windumtost und von Wolken oder Nebel umhüllt. Die Hexen jedoch, die in Märchen und Sagen so oft böse und hässlich daherkommen, waren eigentlich weise Frauen, die viel von Heilkunde und Schwangerschaftsverhütung verstanden und deshalb später verteufelt wurden.

an Allerheiligen noch ein Hochamt mit Orgelspiel und Gesang aus der verfallenen Kirche zu hören gewesen sein. Und ihre malerischen Ruinen inspirierten Caspar David Friedrich zu einigen seiner berühmten romantischen Landschaftsbilder.

Schauplatz gleich mehrerer Sagen und Legenden ist die auf einem Felssporn über Eisenach gelegene Wartburg, der einstige Sitz der thüringischen Landgrafen. Bereits ihre Gründung ist mit einer Sage verbunden. Landgraf Ludwig der Springer soll um 1067 von dem Bergsporn so angetan gewesen sein, dass er dort, obwohl das Land ihm nicht gehörte, eine Burg errichten wollte. Er ließ deshalb Erde von seinem Besitz auf den Berg tragen und darauf eine Burg erbauen. So konnte er mit Fug und Recht behaupten, die Anlage sei auf seinem Boden entstanden.

Eine weitere Legende handelt von Martin Luther, dem Reformator, der sich 1521/22, als Junker Jörg getarnt, auf der Burg versteckte und dort das Neue Testament ins Deutsche übersetzte. Eines Nachts soll ihm der Teufel erschienen sein, und Luther warf ein Tintenfass nach dem Widersacher. Von diesem Vorfall kündete bis Ende des 19. Jahrhunderts ein Fleck, der aber möglicherweise bloß von Ruß herrührte. Wie dem auch sei: Luther, der Verfasser wegweisender Schriften, verfocht seine Ziele zweifelsfrei mit Tinte.

Nicht hoch auf einer Burg, sondern tief im Berg soll sich Kaiser Friedrich I. Barbarossa verbergen. Der Stauferkaiser war 1190 auf dem Dritten Kreuzzug im fernen Anatolien ertrunken. Doch schon bald nach seinem Tod kamen Gerüchte auf, er sei nicht tot und werde wiederkommen. Sie verdichteten sich zu der Sage, dass er im Kyffhäuser, einem von Höhlen durchzogenen Bergrücken im tiefen Thüringen, auf den Zeitpunkt seiner Wiederkehr wartet, um dann das Reich zu einen und sein Reformwerk zu vollenden. Eine Vorstellung, die im von Kriegen und sozialen Nöten gezeichneten Spätmittelalter wohl Ausdruck einer tiefen Sehnsucht war.

Natur und Geschichte, der Glaube an Übersinnliches und die Hoffnung auf ein besseres Leben bestimmen die Sagen und Legenden in Deutschlands Osten. Ihr Stoff reicht weit in die Vergangenheit zurück – und wurde manchmal zum Charakteristikum einer ganzen Region, was insbesondere für die Hexen im Harz gilt. So heißt es in Theodor Fontanes Roman »Cécile« (1886), der in und um Thale spielt, die Landschaft sei »so gesättigt mit derlei Stoff«, dass es einem vorkommt, »als ob hinter jedem Erlenstamm eine Hexe hervorsähe«.

Die Wartburg bei Eisenach, legendenumwobener Sitz der Landgrafen von Thüringen (oben).
Kaiser Friedrich Barbarossa harrt der Legende nach im Kyffhäuser seiner Wiederkehr (unten).

Hexentanzplatz und Rosstrappe Die beiden Felsen bei Thale im Oberharz beeindrucken nicht nur durch ihren landschaftlichen Reiz, sondern sind überdies durch die mit ihnen verbundenen Sagen berühmt. Von der Rosstrappe aus (Bild: Blick vom Hexentanzplatz) soll Prinzessin Brunhilde, verfolgt von Ritter Bodo, über den Abgrund gesprungen sein. Und auf dem Hexentanzplatz, so weiß es die Überlieferung, versammeln sich die Hexen in der Walpurgisnacht. Bodenfunde sprechen dafür, dass sich an diesem Platz in vorchristlicher Zeit eine Kultstätte befand.

»Wirklich, wir werden ihn [den Hexentanzplatz] über kurz oder lang sehen müssen, das schulden wir einem Harzaufenthalte … Die Hexen sind hier nämlich Landesprodukt.«

Theodor Fontane: Cecile

Die Ruinen der Lauenburg bei Gernrode im Harz werden allmählich von der Vegetation verschlungen. Die Burg wurde im 12. Jahrhundert zum Schutz der Reichspfalz Quedlinburg errichtet und soll sogar den legendären König Artus als Gast beherbergt haben. Bis Ende des 15. Jahrhunderts bewohnt, wurden die Mauern später als Steinbruch genutzt und wieder der Natur überlassen.

Das Dorf der Troglodyten Als Mitte des 19. Jahrhunderts in dem kleinen Harzer Ort Langenstein bei Halberstadt große Wohnungsnot herrschte und vom Landrat keine Hilfe kam, ließ die Gemeinde in den aus Sandstein bestehenden Bergrücken Höhlenwohnungen schlagen. Sie erhielten nach vorne Tür und Fenster, über den Dächern wuchs Gras, das Schafe abweideten. Erst Anfang des 20. Jahrhunderts zogen die letzten Bewohner aus. Nach der deutschen Vereinigung wurden die Höhlenwohnungen instand gesetzt und der Ort als Dorf der Troglodyten (Höhlenbewohner) bekannt.

Welterbe-Stadt Quedlinburg Das Schloss und die Stiftskirche St. Servatius erheben sich im letzten Abendlicht hoch über der Altstadt von Quedlinburg. Mit ihren malerischen Fachwerkhäusern gehört die einstige Reichspfalz im nördlichen Harzvorland heute zum UNESCO-Weltkulturerbe. Ihr Aufstieg begann mit König Heinrich I., der einer Legende nach 919 in Quedlinburg von seiner Wahl zum König des ostfränkischen Reichs erfuhr. Er ließ eine bereits bestehende Burganlage zur Pfalz ausbauen, seine Frau Mathilde gründete dort ein Damenstift.

»Eine andere Sage berichtet, dass ein Hund namens Quedel die Bürger der Stadt durch lautes Bellen vor einer herannahenden Räuberbande warnte, sodass die Stadttore noch rechtzeitig verschlossen werden konnten. Aus Dankbarkeit und als Erinnerung nannten die Bewohner der Stadt diese seither ›Quedlinburg‹ und nahmen den Hund in ihr Wappen auf.«

Sagen aus Quedlinburg

»Steinerne Jungfrau« Mit etwa fünfeinhalb Metern weist der Menhir bei Halle in Sachsen-Anhalt eine ungewöhnliche Höhe auf. Die Form des Hinkelsteins erklärt die Sage mit der Versteinerung einer Jungfrau. Sie soll Brot als Steg genutzt haben, um trockenen Fußes über eine große Wasserpfütze zu gelangen. Daraufhin wurde sie von einem Blitz getroffen und in einen Stein verwandelt.

Gespenster und Jungfrauen Von der Leistenklippe am Hohnekamm (Bild rechts) blickt man zum Brocken, der bei Nebel zuweilen von den »Brockengespenstern« besucht wird, Schatten von Personen, die bei tief stehender Sonne auf eine Nebelwand fallen und sich zu bewegen scheinen. Mit den Leistenklippen selbst ist eine Sage von hartherzigen Jungfrauen verbunden, die jeden der ihnen angebotenen Männer ablehnten und deshalb zu Stein verwandelt wurden.

»Seh' die Bäume hinter Bäumen,
Wie sie schnell vorüberrücken,
Und die Klippen, die sich bücken,
Und die langen Felsennasen,
Wie sie schnarchen, wie sie blasen!«

Johann Wolfgang von Goethe: Faust I, Walpurgisnacht

»Rübezahl, der Geist des Riesengebirges, hatte oft seine Freude daran, den Menschen allerlei Streiche zu spielen; dabei erwies er den Armen aber mancherlei Wohltaten und strafte die Hartherzigen und Geizigen.«

Heinrich Weinert: Sagen und Märchen

Im Land von Rübezahl Das Zittauer Gebirge, hier mit Blick auf Hochwald und Hochwaldbaude, ist eine Waldlandschaft im südöstlichsten Winkel von Sachsen. Der Blick reicht weit in das Böhmische Becken hinein und sogar bis zum Riesengebirge, der Heimat des Berggeists Rübezahl. Im Hochwald wurden früher Schätze vermutet, und die Sage weiß von einem Bergmännlein, das den Menschen, die ihm begegneten, Gold, Silber oder auch heilende Kräuter schenkte. Bei dem Bergmännlein soll es sich um den Geist eines frommen Kräuterheilers handeln, der dort einst erschlagen wurde.

Sensenkampf Auf einem Felsen über dem Tal der Polenz erbaut, überragt Burg Hohnstein den gleichnamigen Ort in der Sächsischen Schweiz. Ganz in der Nähe, im Tiefen Grund, einem Seitental der Polenz, sind in einem Felsen eine Sense, ein Kreuz und die Jahreszahl 1699 eingemeißelt. An dieser Stelle sollen zwei Bauernsöhne, die um dasselbe Mädchen warben, einen Zweikampf mit Sensen ausgefochten haben. Als der eine tödlich getroffen wurde, floh der andere in die weite Welt.

Enge Gasse durch schroffen Felsen Die Felslandschaft entlang des tief eingeschnittenen Elbtals zeichnet sich durch Tafelberge mit steilen Wänden, tiefe Schluchten und bewaldete Hügel aus. Die Felsformationen und Berge tragen fantasievolle Namen wie Kuhstall, Hohe Liebe und Wilde Hölle, mit denen auch die eine oder andere seltsame Begebenheit verknüpft ist. Das Bild zeigt die enge Felsengasse am Amboss auf dem Pfaffenstein.

Mächtige Bastei Wenn am frühen Morgen die Elbe ihre Nebel schickt, verwandelt sich die Sächsische Schweiz in eine Märchenlandschaft. Nur die höchsten Felstürme ragen dann aus dem weißen Schleier, und man fühlt sich wie Caspar David Friedrichs »Wanderer über dem Nebelmeer«. Einer der bekanntesten Aussichtspunkte sind die Basteifelsen (bei Wehlen/Rathen). Der Blick reicht tief in den Wehlgrund, der von den Steilwänden der Kleinen Gans und der Felsenburg Neurathen eingefasst wird. Die Felsenburg soll sorbischen Ursprungs sein. Um sie ranken sich einige Sagen, etwa die vom trunksüchtigen Ritter Kunz, der einst in die Schlucht stürzte. Sein Geist soll sich noch immer in der Gegend herumtreiben.

»Hier ist es hoch, sehr hoch! Du musst ein paar Kirchtürme aufeinandersetzen und dann nicht schwindlig werden, wenn du auf der obersten Spitze stehst.«

Hans Christian Andersen: Reise von Leipzig nach Dresden und in die Sächsische Schweiz

Eine kühne Brücke besitzt der Landschaftspark Kromlau in der Oberlausitz. Die um 1860 in etwa zehnjähriger Bauzeit errichtete Rakotzbrücke, die den Rakotzsee in einem weiten Bogen überspannt und mit ihrer Spiegelung im See einen Kreis bildet, wird im Volksmund auch Teufelsbrücke genannt. Solche Bezeichnungen gehen darauf zurück, dass man früher glaubte, ein Baumeister könne solch kühne Konstruktionen nur mithilfe des Teufels vollenden. Allein in Deutschland gibt es mehr als ein Dutzend Teufelsbrücken. Der Kromlauer Park entspricht der im 19. Jahrhundert weitverbreiteten Vorliebe, kunstvoll romantische Orte zu errichten.
Er wurde ab 1844 im Auftrag des Besitzers Friedrich Hermann Rötschke als Landschaftsgarten angelegt, in dem sich Blumen, Bäume und Architekturelemente zu einem harmonischen Ganzen verbinden. Seine größte Pracht entfaltet der Park im Frühjahr, wenn die Azaleen und Rhododendren blühen.

Der Kahleberg bei Altenberg, einer traditionsreichen Bergbaustadt im sächsischen Erzgebirge, war ursprünglich bis auf die Geröllfelder in der Gipfelregion bewaldet, wurde aber schon bald nach Zinnfunden abgeholzt, da man zur Verhüttung Grubenholz benötigte. Daraufhin soll er den Namen Kahleberg erhalten haben. Mit ihm ist eine Sage über Moosmännchen verbunden, kleinen Gestalten, deren Gesicht mit Moos überzogen war. Sie sollen Holzarbeiter in die Irre geführt haben, da sie nur zu erkennen waren, wenn man zur Seite blickte.

Die Drachenschlucht bei Eisenach, eine an der schmalsten Stelle nur 68 Zentimeter breite Klamm, hat ein Bach in Abertausenden von Jahren aus den Felsen ausgewaschen. In der Schlucht, die ihren Namen erst im romantischen 19. Jahrhundert erhielt, soll einst ein Lindwurm gehaust haben.

Romantisches Felsentor Mit seinen Wäldern, Höhlen und Felskuppen ist der Lauchagrund bei Tabarz ein beliebtes Wandergebiet im Thüringer Wald. Am Torstein im Osten der gleichnamigen Burgruine habe einst der Gothaer Herzog Ernst (1784–1844) gern gerastet. Hier und in anderen seltsam geformten Felsen in der Nähe sollen sich auch Waldnixen herumgetrieben haben. Zum heutigen Ort Tabarz gehört auch Cabarz, wo einst Erz abgebaut wurde. Die Namen der beiden Orte führt eine Sage auf die Bezeichnungen »Taub-Erz« und »Kauf-Erz« zurück: unbrauchbares bzw. brauchbares Erz.

Das abgelegene Vessertal im Thüringer Wald ist ein Rückzugsgebiet für seltene Pflanzen- und Tierarten. Früher gingen dort Köhler ihrer harten Arbeit nach. Ein Köhler soll einst den Grafen Poppo von Henneberg, der sich im Wald verirrt hatte, auf den richtigen Weg zurückgeführt haben. Zur Belohnung wünschte er sich eine Kapelle. Diese Kapelle wurde später zu einem Frauenstift, »zum Frauenwald«, erweitert, dem Ursprung des mitten im Biosphärenreservat Vessertal-Thüringer Wald gelegenen Ortes Frauenwald.

Ruhelose Seelen Mit seinen Wiesen, Mooren und bewaldeten Berghügeln wirkt das Vogtland heute idyllisch. Doch sind Moore wie hier bei Weida (Thüringen) auch trügerisch und brachten die Menschen immer wieder in Gefahr. In vielen Sagen erscheinen sie deshalb als Behausungen böser Geister oder ruheloser Seelen. Sie locken die Menschen ins Moor.

Steinriesen Die Hohe Möst bei Oberschönau liegt auf dem Rennsteig, einem schon im 19. Jahrhundert beliebten Höhenwanderweg durch den Thüringer Wald. Bei der ungewöhnlichen Felsgruppe der Zwölf Apostel handelt es sich einer Sage nach um zwölf zu Stein gewordene Riesen.

Paulinzella im Rottenbachtal bei Rudolstadt wurde zu Beginn des 12. Jahrhunderts von der frommen Adeligen Paulina gegründet. Ihre Lage soll die einst bedeutende Benediktinerabtei einer Marienerscheinung der Stifterin verdanken. Als Paulina sich verirrt hatte, erschien ihr die Gottesmutter und bedeutete ihr, in den Wald zu gehen. Dort erblickte Paulina anstelle der Bäume die Säulen einer Kathedrale. An diesem Ort ließ sie ein Kloster errichten, das dann fast 400 Jahre bestehen sollte.

Teufelskanzel im Eichsfeld Der Sandsteinfelsen über der Werra-Schleife wurde der Sage nach vom Teufel als Kanzel genutzt, bis ihm ein Bauer bedeutete, eine Predigt habe mit den Worten »Im Namen des Vaters, des Sohnes und des Heiligen Geistes« zu beginnen. Heiligen Worten abhold, soll der Teufel daraufhin in die Werra gesprungen sein. Doch wollte der Fluss mit dem Satan nichts zu tun haben und beschrieb fortan einen weiten Bogen um dessen »Sprungplatz« (nachfolgende Doppelseite).

Erinnerung an die Pyrenäen Im Lahntal zwischen Gießen und Koblenz erhebt sich eine Höhenburg über das Städtchen Runkel und die historische Lahnbrücke aus dem 15. Jahrhundert. Mit ihrer gut erhaltenen Unterburg, der 1634 durch Brandschatzung zerstörten Oberburg sowie dem mächtigen noch heute begehbaren Bergfried erzählt das Gemäuer von den Wirren vergangener Zeiten. Mitte des 12. Jahrhunderts erstmals urkundlich erwähnt, weist die Geschichte der Burg der Sage nach viel weiter zurück: Bereits 778 soll ein ritterlicher Gefolgsmann von Karl dem Großen als Erinnerung an die Schlacht gegen die Mauren im Tal von Roncesvalles in den Pyrenäen die Festung errichtet haben. Aus dem Namen Roncesvalles wurde im Laufe der Zeit Runkel.

WESTEN

Romantische Flusstäler und sagenhafte Burgen

Niederrhein | Sauerland | Odenwald | Pfälzer Wald | Rhön | Mittelrheintal | Hunsrück | Eifel

Siegfried, Frau Holle und Richard Löwenherz

Der Philosoph Friedrich Schlegel, die Dichter Clemens Brentano, Achim von Arnim, Hans Christian Andersen und Victor Hugo, der Maler William Turner – all diese Künstler ließen sich im 19. Jahrhundert, zur Zeit der Romantik, von der Region im Westen Deutschlands bezaubern. Ihr Sehnsuchtsziel war das Mittelrheintal zwischen Königswinter und Rüdesheim mit seinen historischen Burgen und Ortschaften, Felsenhöhen und Weinhängen. In dieser von Natur und Geschichte umwobenen Kulturlandschaft begaben sie sich auf die Spuren der Vergangenheit, die in Sagen und Legenden aufzuspüren sind.

Auch die Rheinzuflüsse Ahr, Mosel und Nahe sowie Lippe, Ruhr und Lahn bilden reizvolle Flusslandschaften voller mythischer Flecken. Riesen und Zwerge, Dämonen, Geister und sogar der Teufel selbst treiben ihr Unwesen in den Mittelgebirgen Eifel, Hunsrück, Pfälzer Wald, Sauerland, Hessisches Bergland, Westerwald, Taunus, Vogelsberg, Rhön und Odenwald.

Dichte Wälder, tiefe Seen, starke Wasserstrudel, nebelverhangene Moore, dunkle Höhlen und bizarr geformte Felsen – neben den altehrwürdigen Gemäuern hat auch die Natur selbst mit all ihrer gewaltigen Kraft die Sagenbildung angetrieben.

Die von Flusstälern und Mittelgebirgen geprägte Region zeigt sich im Norden zunächst eher flach. Im rheinisch-westfälischen Bereich kreisen viele regionale Sagen um Kämpfe zwischen Germanen und Römern im Umfeld der berühmten Varusschlacht im Jahr 9 n. Chr. Der beginnende Bergbau an der Ruhr im 19. Jahrhundert gab der Sagenbildung noch einmal Auftrieb: Offenbar konnten sich die Menschen die Welt unter Tage (noch) nicht rein naturwissenschaftlich erklären. Stattdessen wurden mit hellseherischen Fähigkeiten ausgestattete »Spökenkieker« und Grubenzwerge bemüht, um die geheimnisvollen Vorgänge in der Erde zu deuten. Auch die Heilige Barbara, Schutzpatronin der Bergleute, regte einige Legenden an.

Eine typische Sagengestalt des Niederrheins, einer weiten, flachen Landschaft im Nordostteil Nordrhein-Westfalens mit Kopfweiden, Wiesen, Mooren und Heideflächen, ist »Sterk Helmes«. Dieser bärenstarke Held verteidigt in vielen überlieferten Geschichten mit seiner unverwüstlichen rheinischen Lebenskraft das unterdrückte Volk gegen übermächtig erscheinende Widersacher. Auch Siegfried der Drachentöter in der germanischen Nibelungensage stammt wohl aus dem niederrheinischen Xanten.

Drachenblut und Rittersprung

Die westliche Region Deutschlands ist auch ein Land der Burgen und Schlösser. Um die efeugeschmückten Ruinen der einst stattlichen Herrscherresidenzen rankt sich ein Kranz von Geschichten. Grafen und Edelleute bauten imposante Festungen an die steilen Hänge der Flüsse, um Untertanen wie Feinde fest im Blick zu haben. Im Siebengebirge oberhalb von Königswinter erhebt sich der Drachenfels mit der gleichnamigen Burg an seiner Spitze, die heute als Ruine ein regionales Wahrzeichen ist. Dort soll in grauer Vorzeit ein mächtiger Drache gehaust haben, der die Bewohner des Rheintals in Angst und Schrecken versetzte. Nur durch das Opfer einer Jungfrau ließ er sich besänftigen. Das Untier fand sein Ende durch den jungen Recken Siegfried, der nach seiner Heldentat im Drachenblut badete und so nahezu unverwundbar wurde.

In der Eifel, wo einem auf Schritt und Tritt die vulkanische Vergangenheit der Region begegnet und die Erdgeschichte ganz nahe scheint, liegt die Burg Are aus dem 12. Jahrhundert. Beim Städtchen Altenahr über der rauschenden und schäumenden Ahr thronend, blickt die Ruine auf eine wilde, zerklüftete Landschaft aus ineinandergeschobenen Bergrücken. Die Burg war einst, so will es die Volkssage, Schauplatz einer tollkühnen Tat: Ein in heißer Liebe entbrannter Ritter besuchte nachts heimlich im Erker der Burg seine Angebetete. Doch wurden die beiden von den Hausherren entdeckt. Gefangenschaft oder Tod – um seinem unabwendbaren Schicksal zu entgehen, stürzte sich der Ritter mit einem mutigen Sprung in die Tiefe. Ob er überlebte – wer weiß es? Jedenfalls ist die Stelle des Rittersprungs noch heute auf der Burg zu bestaunen.

»Die Wahrheit in jeder Sage ist doch zu fühlen, sie rührt uns an, wie die Spitze des Sonnenstrahls, den wir an seinem Ursprung nicht fassen können.«

Jacob Grimm: Brief an Friedrich Carl von Savigny vom 26.12.1811

Könige und andere Personen höchsten Ranges sind mit der Geschichte der Reichsburg Trifels verbunden, und in ihrem Felsen soll sogar ein Kaiser schlafen.

Die malerisch im Tal der Eltz auf einem 70 Meter hohen Felskopf errichtete Burg Eltz ist mit ihren unzähligen Türmen und Erkern eine der wenigen gut erhaltenen mittelalterlichen Burgen in Deutschland. Eine der mit ihr verbundenen Sagen erzählt »Vom Harnisch und der Jungfer Agnes«. Das Mädchen war einem älteren Junker versprochen, entzweite sich aber öffentlich mit dem Ungeliebten, worauf dieser, habgierig und hartherzig, in einer unerwarteten Stunde die Burg angriff. Die Jungfer legte einen Harnisch an, griff selbst beherzt zu den Waffen und bezahlte ihren mutigen Einsatz mit dem Leben.

Ein ehemaliger Adelssitz von hohem geschichtlichen Rang erhebt sich im südlichen Pfälzer Wald oberhalb des Städtchen Annweiler: In der Reichsburg Trifels hielt sich zur Stauferzeit gern Kaiser Friedrich Barbarossa auf. Errichtet wurde die vornehme Feste auf einem dreifach gespaltenen Felsen, dem Trifels, in dem, der Kyffhäusersage nachempfunden, ein Kaiser, Barbarossa, sein Enkel Friedrich II. oder auch Karl der Große, schlummern soll. In der Burg wurde 1193/94 der englische König Richard Löwenherz festgehalten. An dieses historische Ereignis erinnert die Blondel-Sage. Sie erzählt vom Troubadour Blondel, der nach seinem gefangenen Herrn Ausschau

Teufelswerk, Naturdenkmal oder doch von Menschenhand geformt – die gewaltigen Externsteine im Teutoburger Wald geben bis heute Rätsel auf.

hält und dabei auch die Burg Trifels erreicht. Vor deren Toren singt er sein Lied, das aus dem Kerker heraus von Löwenherz beantwortet wird. Der treue Sänger schreitet zur Tat und veranlasst die Befreiung des Königs. Der österreichische Schriftsteller und Archäologe Johann Gabriel Seidl hielt die sagenhafte Begebenheit in der 1840 von Robert Schumann vertonten Ballade »Blondels Lied« fest.

» […] Horch, da tönt es leise, leise / Aus dem Burgverlies empor, / Eine wohlbekannte Weise / Klingt an Blondels lauschend Ohr. / Wie ein Freundesruf, ein trauter, / Schallt sein eigen Lied ihm zu, / Und sein Ahnen sagt ihm lauter: / Suche treu, so findest du! […]«

Eine hochherrschaftliche Behausung der anderen Art befindet sich auf einer Felseninsel bei Bingen am Rhein: Im Binger Mäuseturm soll dem Volksmund nach der geizige Hatto, Bischof zu Mainz, Zuflucht vor einer Mäuseschar gesucht haben, die Gott ihm zur Strafe für seine Hartherzigkeit als Plage schickte. Doch das Verstecken half nichts. Die Mäuse schwammen durch den Rhein, drangen in den Turm ein und fraßen den Unbarmherzigen auf.

Vom Teufel geformt

Neben den altehrwürdigen Gemäuern hat auch die Natur selbst mit all ihrer gewaltigen Kraft die Sagenbildung angetrieben. Dichte Wälder, tiefe Seen, starke Wasserstrudel, nebelverhangene Moore, dunkle Höhlen und bizarr geformte Steine und Felsen – viele bergen Geheimnisse oder sind mit Geschichten verbunden. Felsen, die an Tore, Fenster und Tische erinnern, scheinen wie von Riesen erschaffen. Für besonders markante Stellen macht die Sage sogar den Teufel verantwortlich.

Um die Externsteine im Teutoburger Wald, bizarre und weithin sichtbare Sandsteinfinger, ranken sich einige Geschichten. So wird

»Ich weiß nicht, was soll es bedeuten, dass ich so traurig bin.
Ein Märchen aus uralten Zeiten, das kommt mir nicht aus dem Sinn. [...]
Ich glaube, die Wellen verschlingen am Ende Schiffer und Kahn.
Und das hat mit ihrem Singen die Lore-Ley getan.«
Heinrich Heine: Loreley

erzählt, dass der Teufel als Bollwerk gegen Karl den Großen und seine christliche Mission mit Feuer und Schwert einen gewaltigen steinernen Heidentempel erbaute. Aus Enttäuschung über die lasche Haltung der Germanenfürsten, die sich taufen ließen, riss er diesen schließlich wieder ein. Die markanten Einzelfelsen blieben zurück. Sie gelten bis heute als Kultplatz.

Im Pfälzer Wald mit seinen Bergklötzen und den tief eingeschnittenen Tälern gibt es bei Hinterweidenthal den Teufelstisch, einen 14 Meter hohen Buntsandsteinfelsen, der aus einem »Tischfuß« und einer »Tischplatte« besteht. An diesem überdimensionierten Mobiliar soll Satan höchstpersönlich getafelt haben. Nahebei im Dahner Felsenland mit seinen vielen aufsehenerregenden Steinformationen stehen als »Braut und Bräutigam« zwei einander scheinbar innig verbundene Felstürme.

Zwei Riesen sollen bei Modautal im Odenwald das Felsenmeer, ein gewaltiges Steingeröll, verursacht haben. Im Streit bewarfen sie sich gegenseitig mit mächtigen Felsbrocken und schufen so das imposante Naturschauspiel.

Auch wenn sie heute ruhig und friedlich erscheinen, sind die Maare der Eifel, diese mit Wasser gefüllten Vulkantrichter, eindrucksvolle Zeugen einer explosiven Vergangenheit. Das Weinfelder

Die am Niederrhein und im Odenwald wachsenden Kopfweiden gelten als Wohnort von Hexen und Nymphen.

Maar mit seiner Tiefe von mehr als 50 Metern flößte seinen Anwohnern von jeher großen Respekt ein, weshalb es im Volksmund auch »Totenmaar« genannt wird.

Im Hessischen Bergland auf dem Hohen Meißner gibt es den Frau-Holle-Teich. Von den Brüdern Grimm im frühen 19. Jahrhundert in ihrer Sammlung »Deutsche Sagen« erwähnt, wurde das Märchen von der Frau Holle weitergesponnen. In dem kleinen tiefen Stillgewässer wird ihr Reich vermutet. Aber auch hoch oben in den Wolken soll Frau Holle Gutes und Böses zugleich tun. Sie schenkt Gesundheit und Fruchtbarkeit, bestraft aber auch die Faulen. Die auf die Erde hinabrieselnden Schneeflocken sind Federn aus ihren Betten.

Die Loreley

Ein weit über die Grenzen Deutschlands hinaus bekanntes Naturdenkmal mit großem Sagenschatz ist der Loreleyfelsen am Mittelrhein oberhalb von St. Goarshausen. Im 18. und 19. Jahrhundert entdeckten viele Künstler die mittlerweile als Weltkulturerbe geschützte Naturlandschaft rund um die Felsenhöhe und schufen damit die Bewegung der Rheinromantik. »In diesen Bergen verband sich alles mit meinen Gedanken und passte zu meinen Träumen: das Grün, die verfallenen Gemäuer, die Gespenster, die Landschaft, die Erinnerungen, die Menschen [...], die Geschichte, die hier gewetterleuchtet ...«, so gab der französische Dichter Victor Hugo 1840 die Eindrücke seiner Rheinreise wieder.

Der 125 Meter hohe Schieferfelsen, eine bedeutende Landmarke des Rheins, markierte auch eine besonders gefährliche Stelle für die Schifffahrt. In der reißenden Strömung unterhalb des Felsens ließen zahlreiche Schiffer ihr Leben, weil sie sich von dem Gesang einer schönen Nixe betören und um ihre Aufmerksamkeit bringen ließen. Clemens Brentano war der Erste, der Anfang des 19. Jahrhunderts in einer Ballade den Felsen mit einer konkreten Figur, einer Zauberin, verknüpfte. Doch erst Heinrich Heine schuf 1824 mit seinem berühmten Gedicht den deutschen Mythos der schönen Nixe, die sich auf dem Felsen sitzend und singend ihr langes blondes Jahr kämmt. Für das starke Echo am Felsen gibt es dem Volksmund nach aber eine andere Erklärung: Es stammt von einer Schar von Zwergen, die am Berg in Höhlen haust. Sagen sind um kaum eine Erklärung von Naturphänomenen verlegen.

Muschelfischer am Galgen Von der Bieley aus, einem markanten Felsvorsprung, fällt der Blick tief in das Perlenbachtal hinab, das sich in der Eifel zwischen Monschau und Hellenthal nahe der deutsch-belgischen Grenze erstreckt. Nicht nur im Frühling, wenn Abertausende von Narzissen den Boden in ein gelbes Blütenmeer verwandeln, lässt sich hier die wilde Natur mit all ihren Riesen, Zwergen, Hexen und anderen Sagengestalten der Eifel erspüren. In der Nähe soll einst ein Galgen gestanden haben als Abschreckung für alle Räuber, die hier verbotenerweise nach der Flussperlmuschel fischten, die der Region ihren Namen gab.

Engelswerk Weite Zwergstrauchflächen, Kolonien von Wacholderbüschen und dazwischen verschlungene Sandwege – am nördlichen Rand des Ruhrgebiets bei Haltern erstreckt sich die Westruper Heide, die der Legende nach engelhaften Ursprungs ist: Als die Engel, wie von Gott beauftragt, die gesamte Erde gestaltet hatten, mussten sie erschrocken feststellen, dass sie zwischen Lippe und Stever ein Stück vergessen hatten. Der gute Boden war jedoch bereits verteilt. So schütteten sie schnell einen Sack Sand über dem Gebiet aus und schichteten einige wenige Humusreste darüber. Nach einiger Zeit zeigten sich einige anspruchslose Pflanzen, die den kärglichen Boden für sich eroberten – und Gott befand es als durchaus gelungen.
In der Westruper Heide leben nicht nur Zauneidechsen, Schlingnattern und Ameisenlöwen, sondern dem Volksmund nach auch der Höllenhund, der einst von einem mutigen Mönch aus der Stadt vertrieben wurde.

Von Geheimnissen umwittert und Vogelscharen umkreist, erhebt sich am Niederrhein in Geldern die Turmruine Haus Langendonk, die als einziger Bauteil von dem wohl einst stattlichen Rittersitz übrig geblieben ist.

Verschluckter Schatz Im Rothaargebirge auf dem Kahlen Asten, dem »Dach des Sauerlandes«, sollen einst – so wird erzählt – Zwerge gehaust haben, die Gold, Silber und andere Kostbarkeiten aus dem Berg schürften. Aus Angst vor der Gier der Menschen gruben sie sich immer weiter in den Boden, bis sie mit ihrem prächtigen Schloss in der Tiefe versanken. Dort hüten sie ihren Schatz noch immer.

Nur wer reinen Herzens war, konnte die Zauberbrücke unbeschadet überqueren – um die ehemalige Wasserburg Vondern in Oberhausen, die im 13. Jahrhundert erstmals urkundlich erwähnt wurde, rankt sich die Sage von der Waghalsbrücke: Der grüne Zauberer bedrohte sowohl die Gattin des Schlossherrn als auch später die Tochter Jolant. Gab es für die eine keine Rettung, bewahrte die Liebe die junge Schönheit vor einem bösen Ende.

Vorgeschichtliches Heiligtum Bornstein, Feldstein, Goldstein und Ravenstein – die vier Hauptfelsen dieser markanten Formation erheben sich über die Kronen der Bäume im Hochsauerland am Hang des Istenbergs im nördlichen Rothaargebirge. Die bis zu 92 Meter hohen Giganten der Bruchhauser Steine sind die erhaltenen Eckpfeiler einer vorgeschichtlichen Befestigungsanlage. Die Geschichte der Bruchhauser Steine gibt viele Rätsel auf: Rund um die Felsen verteilte Fundstücke lassen vermuten, dass die Menschen hier einst ein Heiligtum ehrten. Der Sage nach soll Veleda, eine römische Seherin, in einer Höhle nahe der Steine ihre Prophezeiungen verkündet haben.

*»Und aus den Trümmern steigt ein tiefes Ächzen, /
Es klirrt und rasselt, und die Eulen krächzen; /
Dazwischen heult des Nordsturms Wutgebrause.«*

Heinrich Heine: Die Nacht auf dem Drachenfels

Drachenfels Hoch über dem Rhein, auf einem der Gipfel des Siebengebirges, thront die Ruine der Burg Drachenfels (Bild links). Seit jeher ein beliebtes Ausflugsziel, das auch Dichter wie Heinrich Heine inspirierte, bietet sie bei klarer Sicht einen weiten Blick bis zu den Turmspitzen des Kölner Doms.

Zu kaltem Stein erstarrt Als Relikte der vulkanischen Vergangenheit erheben sich die Basaltkuppen der Helfensteine im Habichtswald bei Kassel. Oder sollte man doch besser der Sage von der Wichtelkirche glauben, die das Basaltgestein auf eine unglückliche Verbindung zwischen einem Wichtelkönig und einem schönen Mädchen zurückführt: Als Zeichen seiner Liebe erbaute er ihr eine christliche Kirche. Doch als sie die Ehe mit ihm ablehnte, verwandelte sich das Gotteshaus in kalten Stein.

Wette mit dem Teufel Im Schwarzbachtal bei Hochwaldhausen sucht sich der wohl schönste und wildeste Fluss im Vogelsberg seinen Weg an mächtigen Basaltquadern vorbei und trägt dabei armdicke Äste mit sich. Dort befindet sich auch die Teufelsmühle, ein schmuckes Fachwerkhaus, das einst vom Namensgeber selbst erbaut worden sein soll: Teufel und Zimmermann wetteten, wer am schnellsten den Giebel errichte. Der Satan gewann und haust seitdem unter dem Giebel hinter vier blinden Fenstern.

Uhuklippen Welcher Riese mag diese Gesteinsbrocken aufgetürmt haben? Im Schwarzbachtal liegen bis zu zehn Meter hohe Quader wie in den Hang geworfen. Ihren Namen tragen die Klippen nach einem unerhörten Vorfall: Einst raubte der Sage nach ein Uhu den Säugling einer Müllersfamilie. Der Vater stieg, mit einer Mistgabel bewaffnet, beherzt die von den großen Nachtgreifern bewohnten Klippen hinauf, tötete den Räuber und brachte sein Kind sicher ins Tal hinunter.

Riesenstreit Von Moos überzogen liegen sie da, die riesigen Geröllberge des Felsenmeers im Vorderen Odenwald südlich von Darmstadt. Bereits die Römer zeigten sich vor über 2000 Jahren von der bizarren Steinwelt fasziniert, die – so will es die Sage – auf einen handgreiflichen Streit zwischen zwei Riesen zurückgeht.

Die Guten und die Schlechten Im tiefen Wasser des Frau-Holle-Teichs auf dem Hohen Meißner soll sie sich befinden, die Tür zu Frau Holles »Anderswelt«. Nicht nur die Brüder Grimm widmeten sich in ihrem Märchen dieser mythischen Gestalt. Vor allem in Nordhessen sind viele Sagen über die Zauberfrau überliefert, die den guten Menschen wohlgesinnt ist, den schlechten hingegen gerechte Strafen zuteilt.

Heiliger Gangolf Mit 835 Metern der höchste Berg der Kuppenrhön, erhebt sich die Milseburg als markante Landmarke östlich der hessischen Stadt Fulda. Auf ihrem Gipfel steht eine kleine Kapelle, die dem Heiligen Gangolf geweiht ist. Dieser soll einst den Riesen Mils bezwungen haben, der auf dem Berg sein Unwesen trieb. Sein Bundesgenosse, der Teufel selbst, begrub den toten Riesen unter Steinen und schuf so die Milseburg. Auf dem Weg zum Gipfel befinden sich auch die Reste eines keltischen Ringwalls, die von einer sehr frühen Besiedlung zeugen.

Zum Teufel mit dem Höllenhund Unbewaldet und von übereinanderliegenden Felsfalten geschmückt, bietet die in der Hohen Rhön gelegene Abtsrodaer Kuppe, einst ein Feuer speiender Flankenvulkan der Wasserkuppe, eine grandiose Aussicht über das Osthessische Bergland. Neben Wanderern und Gleitschirmfliegern soll sich hier auch ein Höllenhund tummeln, der einst in der Christnacht eine Bauernfamilie im nahe gelegenen Örtchen Poppenhausen heimsuchte. »Bist du von Gott, so geh zu Gott! Bist du vom Teufel, so geh zum Teufel!« Nach diesen Worten floh das Ungeheuer durch die Lüfte davon.

Unerlöste Prinzessin Wer die Wegelnburg im Pfälzer Wald bei Nothweiler erklimmen will, muss einige Mühen auf sich nehmen. Schließlich handelt es sich um die höchste Burg der Pfalz. Auf dem Weg hinauf wandern viele Sagen und Legenden mit: So soll dem Volksmund nach unter der Wegelnburg noch immer die schöne und unermesslich reiche Prinzessin Hirlanda schlummern, denn bisher waren alle Retter zu guter Letzt doch nur an ihren Schätzen interessiert gewesen.

Felsenglühen am Altschlossfelsen Bei diesem Naturwunder aus Buntsandstein im Pfälzer Wald bei Eppenbrunn hat die Verwitterung ganze Arbeit geleistet: Bizarre Felsketten, hohe Türme, Kamine, Höhlen und Quergänge bilden ein von Rissen und Fugen durchzogenes, bis zu 30 Meter hohes Massiv. Im Frühjahr kurz vor Sonnenuntergang lässt sich am Altschlossfelsen ein fast magisches Schauspiel beobachten: Wie von Zauberhand gemacht, beginnen die Felsen im Sonnenlicht zu »glühen«.

Fässerschlacht Erbaut um das Jahr 1000, thront die Reichsburg Cochem auf einem markanten Bergkegel über der Mosel. Ihr wuchtiger Bergfried und ihr gewaltiger Umriss zeigen, dass die mittelalterliche Befestigung, die während der Stauferherrschaft zur Reichsburg wurde, seit jeher auf Rundumverteidigung eingestellt war. Doch manchmal half gegen Feinde nur eine List: Bei der »Fässerschlacht« – so wird erzählt – wurden die am Fuß der Burg lagernden Angreifer durch eine wahre Lawine von leeren Weinfässern, die man den Burgberg hinabrollen ließ, in die Flucht geschlagen.

»Seid willkommen, ihr schönen Damen und edlen Herren, Bürger und Bauern, Kinder und Greise, arme Tagelöhner und reiche Pfeffersäcke.«

Grußwort des Herolds anlässlich des alljährlichen Burgfestes

Katz und Maus Mit seinen zahlreichen geschichts- und sagenträchtigen Burgen und Schlössern, die sich an den felsigen Hängen zwischen Weinbergen erheben, gehört das Obere Mittelrheintal zu den romantischsten Regionen Deutschlands. Von der Burg Maus (eigentlich Peterseck) fällt der Blick auf die Burg Katz (Neu-Katzenelnbogen) und den Loreley-Felsen (im Hintergrund). Beide Burgen gehörten einst zwei verfeindeten Herren, den Grafen von Katzenelnbogen und den Trierer Kurfürsten. Letztere mussten den Spott der Katzenelnbogener Nachbarn ertragen, das Mäuslein zu sein.

Der Schlangenschlüssel Dichte Wälder, tiefe Maare, steile Felsen und dunkle Höhlen – die Landschaft der Vulkaneifel hat schon immer die Fantasie ihrer Bewohner beflügelt. So erzählt man sich über die Hohe Acht bei Adenau, mit 747 Metern der höchste Berg der Eifel, dass hier eine Schatzhöhle versteckt liegt. Vor langer Zeit traf ein Mann am Berg auf eine Schlange, die sich in einen goldenen Schlüssel zu einer Schatzkammer verwandelte. Fortan hatte der Glückliche ein gutes Auskommen, bis ihn sein Bruder beim Gang zur Höhle beobachtete und später die Schlange aus Unwissenheit um die Verwandlung tötete. Seitdem wartet der Schatz auf seinen neuen Besitzer (nachfolgende Doppelseite).

Fast unerreichbar hoch auf einem steilen, zerklüfteten Felsen oberhalb der rheinland-pfälzischen Gemeinde Altenahr steht die Burg Are. Ihr Bergfried diente wohl einst als Verlies für »hohe Gefangene«, wie mehrere Sagen erzählen.

Auf verschlungenen Pfaden, teils in den Stein gehauen, teils durch den Wald am Wasser entlangführend, lässt sich die Traumschleife Ehrbachklamm erkunden. Die eindrucksvolle Naturschönheit liegt im Hunsrück zwischen Mosel und Rhein, der Heimat des legendären Räuberhauptmanns Schinderhannes.

Köstliche Gaben Zur rheinland-pfälzischen Gemeinde Altenahr gehört auch das am Rotweinwanderweg gelegene Winzerdorf Mayschoß. Seinen anmutigen Namen erhielt das Örtchen – so erzählen es die Bewohner – zu Ehren der gutherzigen Nonne Maria, die auch an harten Wintertagen den Weg vom Kloster nicht scheute und in ihrer Schürze, also in ihrem Schoß, köstliche Gaben brachte (nachfolgende Doppelseite).

»Op dem Nerother Kopp/,
da sitzt der Deuwel drob/,
fährt unter der Erde durch/,
bis auf die Altburg.«

Volkstümliches Gedicht

Geheimgänge Zur Befestigung seines Territoriums ließ König Johann von Böhmen, genannt Johannes der Blinde, Mitte des 14. Jahrhunderts auf dem Vulkankegel Nerother Kopf in der Vulkaneifel die Burg Freudenkoppe errichten (Bild links). Im Laufe der Zeit verfallen, scheint die Ruine viele geheime Geschichten zu bergen.

Geheimnisvolle Höhle Nicht weit vom Gipfel des mit hohen Buchen bestandenen Nerother Kopfs liegt die tief in den Vulkanberg hineinreichende Mühlsteinhöhle, die in früher Zeit durch den Abbau von Mühlsteinen entstand. Einer Sage nach gehört die Höhle zu einem unterirdischen Netz von Wegen, die zu verschiedenen Burgen führen.

Streit ums Erbe An der Mosel und ihrer Umgebung gibt es zahlreiche Burgen, denn die steilen Felshänge boten sich geradezu für die Errichtung stolzer Festungen an. Eine davon ist die wohl Anfang des 12. Jahrhunderts am Elzach bei Wierschem erbaute Höhenburg Eltz, die im Laufe ihrer Geschichte niemals erobert werden konnte. In Nebel gehüllt wirkt sie mit ihren wuchtigen Mauern und Türmen wie ein Schloss aus dem Märchen oder, moderner gesehen, wie Hogwarts, Harry Potters Zaubereischule. Die Wahrheit ist nüchtern: Nach einem Streit unter drei Brüdern wurde Burg Eltz 1268 unter den Erben aufgeteilt. Jede Familie führte nun ihren eigenen Haushalt und baute ihren Burgteil nach eigenen Wünschen und Bedürfnissen aus. So erhielt der Komplex seinen romantisch-verwinkelten Charakter. Und doch soll sich auf der Burg der Sage nach die tragische »Geschichte vom Harnisch und der Jungfer Agnes« zugetragen haben.

»Vor langer Zeit hatte einer der Grafen von Eltz nebst einigen Söhnen eine Tochter mit Namen Agnes. Diese war ein hübsches und kluges Mädchen und der Stolz ihres Vaters, wenn er auch wünschte, dass sein Augapfel etwas mehr den Tugenden einer gottesfürchtigen Jungfrau zugeneigt wäre (…) denn Agnes war ein Wildfang, der das Klettern und Raufen spannender fand als Stickrahmen und Docken.«

Die Legende vom Harnisch und der Jungfer Agnes, in:
Deutsche Mythen, Sagen und Legenden

Fintenmadonna Klein, aber fein – außerhalb des Moselortes Bergweiler steht, umgeben von grünen Wiesen, die im 17. Jahrhundert errichtete Fintenkapelle. Sie suchen bis heute die Menschen aus der Umgebung als Wallfahrtskirche auf. Von jeher als Bittort genutzt, wird die Fintenmadonna besonders zum Schutz kranker Kinder angerufen. Lange war es üblich, das Gewicht der Kranken in einer Krippe in Getreide abzumessen, das dann der Kapelle gespendet wurde. Es wird vermutet, dass in dieser friedlichen Landschaft bereits zur Keltenzeit ein Quellheiligtum gestanden hat.

Ruhelos in Ruinen Aus dem im Hunsrück heimischen Schiefergestein erbaut, diente Burg Baldenau, auf dem Gebiet von Morbach in einer Sumpfregion gelegen, früher dem Erzbischof Balduin von Trier zum Schutz seines Herrschaftsbereichs. In Sichtweite der Burg auf einem Höhenrücken steht der zur Anlage gehörende Stumpfe Turm, der mit der Sage um einen missratenen Sohn verbunden ist: Dieser plünderte, zerstörte und tötete mutwillig, bis ihm ein alter Schäfer in den Weg trat. Seitdem jagt der Missratene bei Sturm ruhelos um den Turm und wird erst Ruhe finden, wenn der letzte Stein des Gemäuers gefallen ist.

Böse Kröte Vom Aussichtspunkt Cloef in Orscholz aus bietet sich ein herrlicher Blick auf die Saar, die sich ihren Weg durch harten Quarzit gebrochen hat. Innerhalb des Naturdenkmals Saarschleife, dem Wahrzeichen des Saarlands, liegt eingebettet in einen bewaldeten Bergrücken die Burgruine Montclair. Sie ist mit verschiedenen Sagen verbunden. So soll einst eine stinkende Kröte, der böse Geist eines geizigen Bauern, die Burg und ihre Umgebung unbewohnbar gemacht haben. Erst als die Kröte in den Winterfluten der Saar versank, war der Zauber gebannt und die Menschen konnten wieder zurückkehren (nachfolgende Doppelseite).

Heimat der Grimm'schen Märchen

»Es war einmal ... und wenn sie nicht gestorben sind, so leben sie noch heute.« Eingebettet in diese beiden berühmten Wendungen entfaltet sich die weltbekannte Märchenwelt der Brüder Grimm. Ihr Leben und Wirken ist ebenso wie viele ihrer Märchen selbst eng mit der Mitte Deutschlands, um die hessischen Städte Hanau, Steinau an der Straße, Marburg und Kassel verbunden. Dort sammelten, dokumentierten und bearbeiteten Jacob und Wilhelm Grimm ihre Sagen und Märchen. In den Wäldern der hessischen Mittelgebirge und im Umfeld der Burgen trifft man gute Feen, anmutige Prinzessinnen und verzauberte Prinzen, aber auch garstige Zauberinnen, Wölfe und Hexen.

Vor dem Neustädter Rathaus in der Mitte der hessischen Stadt Hanau steht ein Denkmal, das zwei berühmte Figuren der deutschen Kulturgeschichte zeigt: 1896 enthüllt, ehrt es die Brüder Grimm, die hier 1785 und 1786 zur Welt kamen. Hanau ist auch der Ausgangspunkt der Deutschen Märchenstraße, die auf ihrem Weg nach Bremerhaven an den Wirkungsstätten der beiden Geschichtensammler und an den Landschaften entlangführt, in denen sich ihre Märchen wiederfinden. Die Familie Grimm übersiedelte bald ins nahe gelegene Städtchen Steinau an der Straße, wo der Vater Amtmann war. Das ehemalige Wohnhaus ist heute zum Museum umgestaltet, auf dem Marktplatz schmückt sich der Märchenbrunnen mit dem »Froschkönig« und anderen beliebten Märchenfiguren aus der Grimm'schen Schatztruhe.

In der Landschaft Nordhessens haben die Brüder Grimm den Stoff für ihre bekanntesten Märchen gefunden.

Wichtige Brüder-Grimm-Stadt ist auch Marburg, wo Jacob und Wilhelm ihr Jurastudium aufnahmen, wo die jungen Gelehrten aber auch ihre Leidenschaft für die historische Literatur- und Kulturforschung entdeckten. Dort schlossen sie Bekanntschaft mit den Romantikern Clemens Brentano und Achim von Arnim, die den Anstoß für die Sammlung der Märchen gaben. In Kassel setzten die Brüder ihre Idee, die mündlich überlieferten Märchen der Region vor der Vergessenheit zu bewahren, in langjährigem Bemühen in die Tat um. Sie unternahmen ausgedehnte Streifzüge in die umliegende Natur- und Kulturlandschaft und stießen dabei auf viele Märchenerzähler, die ihre Geschichten zum Besten gaben. Kurz vor dem Weihnachtsfest 1812, also vor mehr als 200 Jahren, erschien die Erstausgabe der Grimm'schen »Kinder- und Hausmärchen«, die Figuren wie Rotkäppchen und Schneewittchen unsterblich machten. Mittlerweile ist das in Kassel verwahrte Handexemplar der Märchensammlung von der UNESCO zum Dokumentenerbe der Menschheit erklärt worden. Seit 2015 ehrt die Stadt Kassel ihre einstigen berühmten Bewohner mit der »Grimmwelt«, einer interaktiven Ausstellung, die mit einer raunenden Dornenhecke, einem sprechenden Spiegel und vielen weiteren Exponaten überrascht.

Weiß wie Schnee, rot wie Blut

Im Unterschied zu den ebenfalls von Jacob und Wilhelm Grimm zusammengetragenen Sagen sind ihre Märchen in einer mystisch-magischen Welt angesiedelt und daher nicht eindeutig zu lokalisieren. Doch sind die Geschichten um Prinzessinnen, Hexen und Zwerge von der nordhessischen Landschaft inspiriert und stehen in einem engen Bezug zur Region.

Der westlich von Kassel gelegene Habichtswald gilt als »Märchenwald der Brüder Grimm«. Dort sammelten sie zwischen uralten Baumgiganten, undurchdringlichen Wacholderheiden, bizarren Buchen und schattigen Bachtälern ihre Sagen und märchenhaften Geschichten. Im Reinhardswald zwischen Hannoversch Münden und Bad Karlshafen soll Dornröschen gelebt haben: In der Sababurg fiel das hübsche Königskind mit seinem gesamten Hofstaat in seinen hundertjährigen Schlaf, der erst durch den Kuss eines mutigen Prinzen beendet werden konnte. Auf dem Bergmassiv des Hohen Meißner ist Frau Holle zu Hause, die im Grimm'schen Märchen die beiden gegensätzlichen Töchter als Goldmarie belohnt und als Pechmarie bestraft. Die Region um Schwalmstadt, das Schwälmer Land, wo die rote Kappe zur traditionellen Tracht der

»Großmutter, was hast du für große Ohren?
Dass ich dich besser hören kann!«
Jacob und Wilhelm Grimm:
Kinder- und Hausmärchen (Rotkäppchen)

Mit seinem dichten Grün, seinen Burgruinen, Ringwällen und Hünengräbern scheint der nordhessische Habichtswald wie gemacht für Märchen mit Feen und Hexen zu sein.

Unverheirateten zählt, ist als »Rotkäppchenland« bekannt. In der waldreichen Landschaft kann man sich leicht vorstellen, wie Rotkäppchen dem bösen Wolf begegnete.

Im Kellerwald liegt das heute zu Bad Wildungen gehörende malerische Dorf Bergfreiheit, das einst eine berühmte Bewohnerin gehabt haben soll. »Spieglein, Spieglein an der Wand, wer ist die Schönste im ganzen Land?« – Keine Geringere als das wunderschöne Schneewittchen, das vor der neidischen Stiefmutter zu den sieben Zwergen flüchten musste, hat vielleicht hier im Dorf gelitten. Eine andere Heldin der Märchenwelt lebte, so will es der Volksmund, auf der Burg Trendelburg am westlichen Rand des Reinhardswaldes. In den Burgturm verbannt, ließ Rapunzel ihr goldenes Haar für den Prinzen, ihren Retter, herunter. Eine an der Hauswand angebrachte Schere weist am Marktplatz in Bad Hersfeld den Weg zur Werkstatt des »Tapferen Schneiderleins«, der als Fliegentöter (»Sieben auf einen Streich«) in die Welt hinausging und dort zu Ruhm und Ehre gelangte.

Wer mit wacher Fantasie durch die Natur streift, wird bestimmt noch weitere Grimm'sche Gestalten erblicken, denn die nordhessische Landschaft hat sich bis heute ihr märchenhaftes Gesicht erhalten.

Dornröschenschloss Sababurg Als das einstige Jagdschloss Zapfenburg aus einer mittelalterlichen Höhenburg Ende des 15. Jahrhunderts entstand, konnte noch niemand ahnen, dass es einmal als der Ort angesehen würde, an dem sich das berühmte Grimm'sche Märchen »Dornröschen« zugetragen haben musste. Tatsächlich war das Schloss, das im Dreißigjährigen Krieg stark beschädigt worden war, einige Jahre sogar von einer hohen Dornenhecke umgeben …

»Rings um das Schloss aber begann eine Dornenhecke zu wachsen, die jedes Jahr höher ward und endlich das ganze Schloss umzog und darüber hinauswuchs, dass gar nichts mehr davon zu sehen war, selbst nicht die Fahne auf dem Dach. Es ging aber die Sage in dem Land von dem schönen, schlafenden Dornröschen, denn so ward die Königstochter genannt, also dass von Zeit zu Zeit Königssöhne kamen und durch die Hecke in das Schloss dringen wollten. Es war ihnen aber nicht möglich, denn die Dornen, als hätten sie Hände, hielten fest zusammen, und die Jünglinge blieben darin hängen …«

Jacob und Wilhelm Grimm: Kinder- und Hausmärchen

Mythischer Belchen Der Blick in die weite Ferne, der schon die Alpen deutlich erkennen lässt, ist vom Belchen bei Tagesanbruch am eindrucksvollsten: Majestätisch erheben sich Viertausender wie Lauteraarhorn, Schreckhorn, Finsterhorn (links), Groß-Grünhorn, Hinteres und Großes Fiescherhorn (Mitte) und Eiger, Mönch, Aletschhorn und Jungfrau (rechts). Der Name des Belchen, des vierthöchsten Bergs im Schwarzwald, leitet sich vermutlich vom keltischen Sonnengott Belenus ab. Genau zur Tag- und Nachtgleiche im Frühjahr und Herbst geht über dem Belchen die Sonne auf. Er gehört mit den Belchen im Elsass und in der Schweiz zum Belchendreieck, Grundlage eines keltischen Kalendersystems.

SÜDEN UND SÜDWESTEN

Dunkler Tann, schroffer Fels und wilde Wasser

Schwäbische Alb | Schwarzwald | Kaiserstuhl | Bodensee

Von Nixen, Waldgeistern und keltischen Mythen

»Die Felsen schroff und wild, / Der See, die Waldumnachtung / Sind dir ein stilles Bild / Tiefsinniger Betrachtung …«. Beim Verfassen dieser Verse mag der Naturlyriker Nikolaus Lenau (1802–1850), ein Freund des großen deutschen Volkssagensammlers Gustav Schwab, die Landschaft im deutschen Südwesten vor Augen gehabt haben. Was den Dichter inspirierte, machte auch auf Reisende tiefen Eindruck, prägte aber vor allem die auf der Schwäbischen Alb, im Schwarzwald, am Bodensee und im Kaiserstuhl lebenden Menschen.

Nicht nur die weiten, dunklen und duftenden Wälder des Schwarzwalds haben Wanderern das Gefühl vermittelt, »dass die Alltagswelt weit entfernt und dass man von ihren Angelegenheiten vollkommen befreit sei«, so der amerikanische Schriftsteller Mark Twain (1835–1910), der die Region im Jahr 1878 bereiste. Auch der Anblick lieblicher Bäche und sanfter Hügelkuppen, unergründlich tiefe Waldseen, rauschende Wasserfälle, geheimnisvolle Höhlen, wilde Schluchten und stolze Schlösser zogen viele Reisende in ihren Bann. Finstere Wälder und bedrohliche Hohlwege mussten sie auf weiten Distanzen durchqueren, bevor sie sich in bewohnten Siedlungen wieder in Sicherheit wähnten. Leicht lässt sich heute noch ermessen, wie der überirdisch schimmernde Blautopf, die tosenden Triberger Wasserfälle, der riesige, wetterlaunige Bodensee und die gewaltige Alpenkulisse Wanderer in der Vergangenheit beeindruckten, ja, zuweilen verstörten. Vom Belchen und Kaiserstuhl genossen sie einen überwältigenden Fernblick. Die düster-malerischen Ruinen des Klosters Allerheiligen führten sie zurück ins ferne Mittelalter und die Hohenzollern-Burg schwebte wie geträumte Architektur auf einem Wolkenbett.

Eduard Mörike schrieb 1853 die »Sage von der schönen Lau«, einer in den Blautopf verbannten Wassernixe, der hier ein Stuttgarter Schustergeselle wieder das Lachen beibrachte.

Die Menschen, die hier ansässig waren, erlebten die Natur launisch und gefahrvoll. Zwar sicherte sie Holzfällern, Flößern, Köhlern, Pottaschebrennern, Bergleuten und Glasbläsern das Überleben und Wohlergehen. Sie konnte aber auch deren Existenz vernichten. Der Wald lieferte Wild und Holz. Aus Holz waren damals die meisten Haushaltsgegenstände. Auf Flüssen und Bächen wurden gefällte Bäume in die Täler geflößt, eine sehr riskante Arbeit. Holz wurde zu Holzkohle verschwelt für die hiesige Glasbläserei und Erzverhüttung. Harz benötigte die frühe chemische und technische Industrie. In den Bächen wurden Fische gefangen und von ihrem Grund Quarzsand für die Feuer der Glasbläser gewonnen.

Hart und entbehrungsreich war der Alltag. Oft lebten die Menschen in bitterer Armut und tiefer Einsamkeit, nur selten in Kontakt zur Außenwelt. Und so versuchten sie zu deuten, was ihnen bedrohlich, unheimlich und unerklärlich erschien und verbanden Naturerscheinungen mit wundersamen Ereignissen, Sagengestalten und Märchenfiguren. Namen wie »Teufelskammer«, »Höllenschlucht«, »Heilklamm« oder »Schauinsland« verraten viel über die Betrachter vergangener Jahrhunderte. Ihren Erfahrungen, Ängsten und Wünschen verliehen Dichter, Märchen- und Sagensammler wie Gustav Schwab, Wilhelm Hauff, Joseph Victor von Scheffel, Johann Peter Hebel, Eduard Mörike, Hans Jacob Christoffel von Grimmelshausen, Justinus Kerner und Ludwig Bechstein Ausdruck.

Wilhelm Hauff (1802–1827) lässt seine Leser in »Das kalte Herz« am Schicksal eines bitterarmen Köhlers, des Kohlenmunk-Peters, im Schwarzwald teilhaben. Der gibt im finsteren Wald sein Herz dem grausamen Holländer-Michel, um zu Reichtum zu gelangen, wird darüber aber nicht glücklich. Am Ende erkennt Peter seinen Irrtum und wird, geläutert, vom guten Glasmännlein gerettet.

Heimat der Nixen

In einer Landschaft, der schon ein einziger Sonnenstrahl überirdisch anmutende Schönheit, ein zarter Nebelschleier Mystisches verleiht, muss es die Nixen vom Mummelsee, den Haalgeist, die weiße Frau, den Riesen Heim und das Nebelmännle einfach gegeben haben! Die schöne Lau – halb Mensch, halb Wassernixe – wird von ihrem

»Zuunterst auf dem Grund saß ehmals eine Wasserfrau mit langen fließenden Haaren. Ihr Leib war allenthalben wie eines schönen, natürlichen Weibs, dies eine ausgenommen, daß sie zwischen den Fingern und Zehen eine Schwimmhaut hatte, blühweiß und zärter als ein Blatt vom Mohn.«

Eduard Mörike: Die Sage von der schönen Lau

Ein Fass Tinte soll dem Blautopf bei Blaubeuren einer Sage nach sein phänomenales Blau gegeben haben.

Gemahl, dem Donaunix, in den Blautopf verbannt, weil sie keine lebenden Kinder gebären konnte, solange sie nicht lachen lernte, wie Eduard Mörike (1804–1875) erzählt. Er greift dabei ältere Sagen auf, die sich um die lange als »bodenlos« geltende wassergefüllte Karsthöhle rankten.

Zwei Mägde im Eselsburger Tal auf der Schwäbischen Alb werden von ihrer Herrin, einer griesgrämigen alten Jungfer, wegen unerlaubter fröhlicher Tändelei mit jungen Fischern in die Steinernen Jungfrauen verwandelt. Im Odenwald streiten sich zwei Riesen und bewerfen sich mit Felsblöcken. So entsteht das Felsenmeer von Reichenbach. Den unter Steinen begrabenen Verlierer hört man angeblich heute noch manchmal brüllen. Eines Kaisers würdig ist dagegen der mächtige Kaiserstuhl, vor allem im Abendlicht, wenn sich am Horizont die Vogesen abzeichnen und aus der Tiefe des Gesteins wundersame Töne zu erklingen scheinen. Wie mag die eigentümliche, vulkanisch geprägte Landschaft vor 1000 Jahren auf die Menschen gewirkt haben? Vielleicht ebenso geheimnisvoll wie die seltsamen Felsformationen der Churfirsten in der Bodenseeregion? Folgen wir den Sagen, Legenden und mythischen Geheimnissen im Südwesten Deutschlands.

Auf einem Wolkenbett scheint die Burg Hohenzollern in rund 850 Metern Höhe zu schweben. Mit dieser Burg erfüllte sich Kronprinz Friedrich Wilhelm von Preußen, späterer Friedrich Wilhelm IV., den Traum jüngerer Jahre, die Stammburg der Familie südlich von Hechingen wieder aufzubauen. Mitte des 19. Jahrhunderts ging er daran, auf Relikten des Vorgängergebäudes ein neogotisches Traumschloss zu schaffen. Was Wunder, dass sich mit der schönsten Burg Schwabens einige Sagen verbinden. Hier soll etwa die Weiße Frau, der ruhelose Geist einer Vorfahrin der Familie, umgegangen sein.

»Die Erinnerung vom Jahre 1819 ist mir ungemein lieblich und wie ein schöner Traum, zumal der Sonnenuntergang, den wir von einer der Schlossbastionen aus sahen ...«

Kronprinz Friedrich Wilhelm von Preußen in einem Brief, 1844

Keltenfestung Der Rundblick vom Ipf, dem mächtigen Zeugenberg bei Bopfingen, ist überwältigend und reicht von der Schwäbischen Alb über das Nördlinger Ries bis zur Fränkischen Alb. Der gleichmäßig kegelförmige Ipf scheint nicht von dieser Welt zu sein und lud seit jeher zu Mythenbildung und kultischen Feiern ein. Die Ringwälle rund um das Gipfelplateau sind ein eindrucksvolles Zeugnis aus der Zeit, als der Ipf von einem keltischen Fürstensitz gekrönt war.

Steinerne Jungfrauen Über dem Eselsburger Tal erheben sich zwei schlanke Felsfiguren, die Steinernen Jungfrauen. – Ein hochmütiges Burgfräulein habe alle Freier abgewiesen und griesgrämig ihren beiden hübschen Mägden den Kontakt zu Männern verboten. Doch diese hielten sich nicht daran und tändelten fröhlich mit jungen Fischern. Darauf verwandelte ihre Herrin sie zu Stein.

Riese Sigenot Archaisch und uneinnehmbar mutet Burg Wildenstein auf einem Felssporn im Gewölk an. Zu ihren Füßen durchbricht die Donau die Schwäbische Alb. Einst zum Schutz gegen die Hunnen gebaut, wechselte die Burg oft die Besitzer. Einer davon, Graf Gottfried Werner von Zimmern, ließ im 16. Jahrhundert Fresken zur Sigenot-Sage anbringen, von denen über 30 erhalten sind. Der Sage nach sei Dietrich von Bern im Kampf gegen den Riesen Sigenot unterlegen und in einer Drachenhöhle gefangen gehalten worden, bis ihn sein Waffenmeister Hildebrand daraus rettete.

Labyrinthische Unterwelt Das mächtige Portal der Falkensteiner Höhle unweit von Bad Urach führt in eine der längsten und tiefsten Höhlen der Schwäbischen Alb. Das fünf Kilometer lange Gangsystem wird immer wieder von Hallen, Syphons, kleinen Wasserfällen, Tropfsteinen und Spalten unterbrochen. Gefährliche Passagen und oft hoher Wasserstand machen die nasskalte dunkle Unterwelt schwer ergründlich. Seit dem 18. Jahrhundert, vor allem, nachdem einige versteckte Gold- und Silbermünzen gefunden wurden, ranken sich Legenden um riesige Gold- und andere Edelmetallvorkommen im Innern. Betrüger hatten Goldgräberlizenzen verkauft, ein enttäuschter Goldgräber hatte sich dort gar das Leben genommen – Gold-, Silber- oder anderes Erz aber gibt es in der Höhle nicht.

Malerische Kaskade Tief hat sich der Föllbach über dem Aichtal in den Knollenmergel gegraben. Große Blöcke aus Rätsandstein sind einst auf diesem Untergrund ins Rutschen geraten und bilden auch die sich über eine Länge von vier Metern erstreckenden Kaskadenstufen im Wald bei Wolfschlugen. In dieser Gegend, wo sich auch der Ulrichstein befindet, hatte der Sage nach 1519 der Pfeiffer von Hardt den Herzog Ulrich von Württemberg versteckt.

Vertriebener Herzog Der Vorgängerbau von Burg Lichtenstein oberhalb von Honau galt im Mittelalter als Muster einer Wehrburg. Doch sie verfiel und wurde bis auf die Grundmauern geschleift. Der von Wilhelm Hauffs Roman »Lichtenstein« begeisterte Wilhelm Graf von Württemberg ließ hier eine neogotische Ritterburg par excellence entstehen. In Sage und Roman findet Herzog Ulrich von Württemberg, vom Schwäbischen Bund 1519 vertrieben, Zuflucht in der Höhle des später nach ihm benannten Ulrichsteins im Schluchtkomplex des Föllbachwasserfalls. Nur nachts ist ihm gestattet, bei dem ihm treuen Herrn von Burg Lichtenstein und dessen Knecht einzukehren.

Herz aus Stein Vom Feldberg geht der Blick über den dichten, tiefdunklen Schwarzwald bis zum Belchen. Geheimnisvoller Schauplatz vieler Sagen und Märchen, aber auch Lebensgrundlage ist der Wald. In Wilhelm Hauffs Märchen »Das kalte Herz« neidet der bitterarme Kohlenmunk-Peter den Glasmachern, Uhrenherstellern und Sägewerksbesitzern den Wohlstand. Im finsteren Wald tauscht er sein Herz beim grausamen Holländer-Michel gegen einen kalten Stein – doch er wird nicht froh. Am Ende wird Peter, geläutert, vom guten Glasmännlein gerettet.

Sagenreiches Murgtal Vor etwa 300 Jahren begannen die Schwarzwälder, die Seitentäler der Murg zu roden und Wiesen anzulegen. Einige der Sagen aus den lieblichen Tälern, wie die vom Rockertweiblein oder den Erdmännlein, von der Klingelkapelle oder vom Grafensprung wurden an Stationen des Gernsbacher Sagenweges festgehalten.

Geisterhaftes Hochmoor Die Kulisse für den Mummelsee bilden der Katzenkopffels und der südöstliche Grat der Hornisgrinde. Vom höchsten Gipfel im nördlichen Schwarzwald überwältigt die Fernsicht über die Rheinebene bis in die Vogesen. Ein Teil des Gipfelterrains ist von einem Hochmoor bedeckt: Diese Landschaft gilt vielen als unheimlicher Ort der Hexen und Geister, als Tor zum Jenseits oder auch als Kultstätte.

Nixenreich Am 17 Meter tiefen, fast schwarzen Mummelsee, einem Karsee am Fuß der Hornisgrinde, wird der Betrachter der Wirklichkeit entrückt und glaubt nur zu gerne an Geister und liebreizende Seejungfrauen. Ein von ihnen bezirzter Hirte, so heißt es, sei hier auf Nimmerwiedersehen verschwunden. Fleißige »Mümmlein«, wie die Nixen genannt wurden, hätten für lautere Dorfbewohner gar die Arbeit erledigt. Eduard Mörike, Hans Jacob Christoffel von Grimmelshausen und andere wussten von Seegeheimnissen zu berichten.

Bei den Teufelskammern oberhalb vom »Großen Loch«, östlich von Loffenau, handelt es sich um Höhlen aus Geröllsandstein. Diese Höhlen sollen im 19. Jahrhundert Wilderern und Schmugglern Zuflucht gewährt haben. Der Sage nach aber dienten sie dem Teufel als Versteck und Vorratskammer.

Kloster Allerheiligen Im Lierbachtal, ganz abgelegen im Wald, oberhalb von sprühenden Wasserfällen befindet sich die Ruine des Chorherrenstifts aus dem 12. Jahrhundert (Bild rechts). Der Legende nach soll ein Esel von Schauenburg aus durch die benachbarten kleinen Täler aufwärts gelaufen sein. Nach einer Rast an einer Quelle – dort erinnert heute ein Brunnen mit einer Inschrift an den Besuch des Esels im Jahr 1191 – erreichte er die Höhe des Berges und warf dort endlich seine Last ab. An diesem Ort wurde schließlich das Kloster erbaut.

»Die heilige Uta von Schauenburg hegte den Gedanken, ein Gotteshaus zu gründen. Da sie aber über die Wahl der Gegend mit sich nicht einig werden konnte, beschloss sie, ihr Vorhaben der Fügung des Himmels anheim zu geben. Am Tage der heiligen Ursula belud sie daher einen Esel mit dem Geld, welches für die Stiftung bestimmt war, und ließ ihn seines Weges gehen, um da, wo er sich zuerst niederlegen würde, ein Kloster zu erbauen.«

Anton Birlinger/M. R. Buck: Sagen, Märchen und Aberglauben

Versteckte Wasser Im Bannwald zwischen St. Märgen und Simonswald ergießt sich donnernd der Zweribach ins Tal, um schließlich in die Wilde Gutach zu münden. Die Zweribachfälle sind über steile Stufen in schroffen Felswänden und über eng gewundene Wege zu erreichen und liegen verborgen im dichten »Märchenwald« aus Weißtannen, Fichten, Eschen und Ahorn. Um die Herkunft des Balzer Herrgotts, eine steinerne Christfigur, die in eine Buche eingewachsen ist, nicht weit davon, entstanden viele unterschiedliche Sagen.

»Wanderer flieh, hier herrscht die Pest!« So warnte eine Inschrift einst die Wanderer. Düster ragt nahe des Dorfes Emmingen eine Kreuzesgruppe auf, die der Landschaft einen morbiden Hauch verleiht. Neben vier Kreuzen und einem Doppelkreuz stehen ein Bildstock und drei weitere Kreuze als Nachbildung des Kalvarienbergs. Im Dreißigjährigen Krieg hausten in Emmendingen die Schweden, Kampf, Plünderung, Hunger und Pest kosteten einen großen Teil der Bevölkerung das Leben.

Fürstliche Wächter Am Rotweilerberg nahe Sipplingen halten die Churfirsten Wacht. Die fünf bis sieben Meter hohen Sandsteinfelsen wurden durch Regen und Wind geformt. Ihre »Mützen« aus härterem Sandstein haben darunterliegende weichere Schichten vor dem Verfall bewahrt – doch er wird nicht für immer aufzuhalten sein. Die Sandsteinkappen sollen an die Kopfbedeckungen der sieben Kurfürsten des römisch-deutschen Reichs erinnern. Von ehemals sieben Säulen sind heute noch fünf erhalten.

Die uralte reiche Kulturlandschaft Hegau ganz im Süden Badens zwischen Bodensee, Hochrhein, Schwarzwald und Schwäbischer Alb wartet mit außergewöhnlichen Reizen auf. Vulkanen sind eigenartige Felskegel inmitten voralpiner Hügel- und Moorlandschaft zu verdanken. Die fruchtbaren Böden und der Wasserreichtum zogen bereits Kelten, Römer und Alemannen an. Bei feuchten Nebelwetterlagen erscheint der Hegau mit seinen saftigen Wiesen und fruchtbaren Feldern, von Baumgruppen malerisch durchsetzt, wie ein Zauberreich. Im 15. Jahrhundert zog die auch an Burgen reiche Region die Begierde der Schweizer Eidgenossen auf sich. Um deren Schandtaten und Konflikte mit den Bewohnern ranken sich einige Legenden.

»Du grüner Berg mit deinen sanften Hügeln, / Den abendluftgewiegten Wellen gleich,
Wo theurer Freunde Bilder mich umflügeln, / Den Blick gefesselt hält dein Wunderreich;
Ich lege treu mein Herz an deinen Busen, / Das manchen Trost in deinem Schutz erfuhr,
Du bist mein Freund, dir weih' ich meine Musen, / Du lohnst sie mit den Schätzen der Natur!«

Eduard Lynker: Dem Kaiserstuhle

Mächtiger Kaiserstuhl Markant erhebt sich das Vulkangebirge Kaiserstuhl aus dem Rheintal. Seinen Namen verdankt er vermutlich König Otto III., der 994 in Sasbach Gerichtstag hielt. Danach wurde das Massiv als »Königsstuhl« bezeichnet – nach Ottos Kaiserkrönung dann »Kaiserstuhl«. Das Bergland zählt zu den wärmsten Orten Deutschlands, neben einer einzigartigen Flora und Fauna auf dem gesamten Massiv gedeiht auf seinen Hangterrassen weithin gerühmter Wein. Im Herzen des Kaiserstuhls erinnern die sanften Hügel von Haselschacher Buck, Badberg und Schelinger Höhe an innerasiatische Steppen.

Mystischer Karwendel Wie Feenschleier treiben die Morgennebel vor dem Karwendel über eine Wiese zwischen Mittenwald und Garmisch-Partenkirchen. Nach den reichen Silberschätzen in der Gebirgsgruppe suchten früher die »Venedigermännle«.

SÜDEN UND SÜDOSTEN

Mächtige Berge und wilder Wald

Franken | Bayerischer Wald | Oberpfälzer Wald | Voralpenland | Allgäu | Alpen

Von Drachen, Räubern und einem Märchenkönig

Rhön, Frankenland, Bayerischer und Oberpfälzer Wald, Allgäu, die Alpen und ihr Vorland – der Südosten Deutschlands besteht aus vielfältigen Landschaften. In Bayerns geheimnisvollen Wäldern treiben Geister, Räuber und Wilderer ihr Unwesen. In Höhlen und auf Felsen haust der Teufel. Reale und sagenhafte Märchenkönige regierten das Land. Historische Städte pflegen ihre Legenden. Die Mythen der Region haben Dichter und Schriftsteller wie Adalbert Stifter, E.T.A. Hoffmann, Wilhelm Hauff und Ludwig Ganghofer sowie den Oberpfälzer Volkskundler und Sagensammler Franz Xaver von Schönwerth inspiriert.

Die Fränkische Schweiz verzaubert mit ihren bizarren Felsformationen und Höhlen – Namen wie Steinerne Jungfrau und Teufelshöhle (bei Pottenstein) sprechen für sich. Auf der Walberla wird am ersten Sonntag im Mai die Heilige Walburga gefeiert. Die Wurzeln des Walberla-Festes liegen in vorchristlicher Zeit, als dem germanischen Gott Wotan Opfer dargebracht wurden. Victor von Scheffel hat dem ältesten Frühlingsfest Deutschlands ein Gedicht gewidmet. Mit der Stadt Bamberg untrennbar verbunden ist der Schöpfer fantastischer Geschichten E.T.A. Hoffmann, der von 1808 bis 1813 in der Domstadt als Theaterkapellmeister arbeitete. Am Eingang zum Haus in der Eisgrube 14 kann man einen Türknauf mit dem Apfelweibla bewundern, Vorbild für die gleichnamige Figur in Hoffmanns Kunstmärchen »Der Goldne Topf«. Die alte Apfelhändlerin hatte einen Studenten verflucht, der ihren Korb umgestoßen hatte.

Der Oberpfälzer Volkskundler Franz Xaver von Schönwerth beschrieb viele unheimliche Gestalten aus seiner Heimat, etwa den Drachen. »Zu Ebnat sah ihn Einer fliegen mit feurigem Rachen und Schweife, mit Flügeln und Pratzen, den Leib blau.«

Auch das beschauliche Frankenland im Norden Bayerns steckt voller unheimlicher Orte. Im Fichtelgebirge hausen der hünenhafte Höimann, Brunnengeister und Elfenköniginnen. Das imposante Felsenlabyrinth bei Wunsiedel bildet die Kulisse für die Luisenburgfestspiele. In den Granitblöcken auf dem Gipfel des Nußhardt zählt man insgesamt acht muldenförmige Vertiefungen. Früher deutete man die »Druidenschüsseln« als Opferschalen für keltische Rituale. Heute weiß man, dass es sich um Verwitterungserscheinungen handelt. Schon Goethe interessierte sich bei seinem Besuch 1785 nur noch für die Geologie.

Der waldreiche Spessart in Hessen und Bayern war im 18. und 19. Jahrhundert ein sicheres Versteck für Räuberbanden. Nicht zufällig hat Wilhelm Hauff seine Rahmenerzählung »Das Wirtshaus im Spessart« dort angesiedelt. Das legendäre Wirtshaus soll das Gasthaus »Zur Post« im Mespelbrunner Ortsteil Hessenthal sein, unweit vom märchenhaften Wasserschloss Mespelbrunn.

In der Rhön im Grenzgebiet von Thüringen, Hessen und Bayern sollen im (hessischen) Roten Moor und im (bayerischen) Schwarzen Moor lasterhafte Dörfer untergegangen sein. Lediglich drei tugendsamen Mädchen, den Moorjungfern, war es gestattet, an lauen Sommerabenden wieder aufzuerstehen, um Tanzveranstaltungen in den umliegenden Dörfern zu besuchen. Der 928 Meter hohe Kreuzberg gilt seit der Missionierung durch den irischen Mönch Kilian im Jahr 686 als Heiliger Berg der Franken.

Waldgesellen und Gralsritter

Zusammen mit dem Böhmerwald auf tschechischer Seite und dem Mühlviertel in Oberösterreich ist der Bayerische Wald das größte zusammenhängende Waldgebiet in Mitteleuropa. Eine rund 150 Kilometer lange und bis zu 30 Meter hohe weiße Quarzmauer, der Pfahl, durchzieht es auf fast gerader Linie. Um die Entstehung dieser geologischen Verwerfung, auf der mehrere Burgen thronen, ranken sich Sagen. In einer wird der Pfahl als Zackenkamm eines im Erdinneren ruhenden Drachen geschildert, andere bezeichnen ihn als Werk des Teufels, der auch die Granitblöcke auf dem Lusengipfel über einem Goldschatz aufgetürmt haben soll.

Die urwüchsigen Wälder und die mächtigen Granitfelsen im Grenzgebiet zwischen Bayern, Österreich und Böhmen haben den Österreicher Adalbert Stifter inspiriert, der ihnen in seinem Roman »Witiko«

»Dort stehen die Tannen und Fichten, (…) die Buchen und andere Bäume wie Könige, und das Volk der Gebüsche und das dichte Gedränge der Gräser und Kräuter (…) steht unter ihnen. Die Quellen gehen von allen Höhen herab, und (…) murmeln und erzählen, was sie immer erzählt haben.«

Adalbert Stifter

Grenzsteinverrücker, der Hoimann und das Holzfrala, geistern durch den Steinwald im Fichtelgebirge. Und um den Weißensteinfelsen mit seiner Burg rennen feurige Hunde.

und in der Erzählung »Der Hochwald« ein Denkmal setzte. Die Adalbert-Stifter-Kunst- und Literat-(Tour) führt zu 15 Haltepunkten mit Stifterzitaten und zeitgenössischer Kunst rund um die Gegend am Dreisesselberg und am Plöckenstein.

Kaum ein anderer hat sich mehr mit dem Brauchtum der Oberpfalz beschäftigt wie der 1810 in Amberg geborene Volkskundler Franz Xaver von Schönwerth. Der 2015 eingeweihte Oberpfälzer Märchengarten bei Wackersdorf macht Figuren aus seinem dreibändigen Werk »Aus der Oberpfalz – Sitten und Sagen« wieder lebendig. Auch reale wilde Gesellen trieben im Bayerischen Wald ihr Unwesen, die »Schwarzgeher«. Der 1816 geborene Michael Heigl, vom einfachen Volk als »Robin Hood des Bayerwaldes« verehrt, hauste mit der roten Res, seiner Räuberbraut, in einer Höhle am Kaitersberg und unternahm von dort seine Raubzüge. Ihm und dem legendären Waldpropheten Mühlhiasl ist das Museum »Gläserne Scheune« in Viechtach gewidmet.

Durch seine außergewöhnlichen und prächtigen Schlossbauten und seinen geheimnisvollen Tod selbst zu einer Legende geworden ist der »Märchenkönig« Ludwig II. von Bayern. Der unglückliche Monarch, der sich lieber der Kunst und der Musik als seinen eigentlichen Aufgaben widmete, schuf sich seine eigene Fantasiewelt aus mittelalterlichen Heldensagen und den Opern seines Lieblingskomponisten Richard Wagner. Seiner Erzieherin hatte der junge König geschrieben: »Ein ewig Rätsel will ich bleiben mir und anderen.«

Verwirklicht hat Ludwig II. seine Traumwelt im Allgäu und im Voralpenland. In seinen Bauten versuchte er, einem von romantischen bis mystischen Vorstellungen geprägten Königsbild Ausdruck zu verleihen. Schloss Neuschwanstein bei Füssen entspricht Ludwigs Vorstellung von einer vollkommenen Gralsburg. Falkenstein, die mit 1268 Metern höchstgelegene Burg Deutschlands, sollte nach den Plänen des Königs zu einer imposanten Raubritterburg ausgebaut werden. Dazu kam es nicht mehr, das Geld war längst aufgebraucht.

Im Allgäu gibt es noch mehr zu entdecken. Die Schwedenhöhle bei den Scheidegger Wasserfällen soll im Dreißigjährigen Krieg ein sicherer Zufluchtsort vor den marodierenden Schweden gewesen sein. Vor Zeiten von mehreren Wildfräulein bevölkert war eine Höhle bei Hinterstein in den Allgäuer Alpen. Die Sagenwelt der Region spielt auch bei den Krimis des Autorenduos Volker Klüpfel und Michael Kobr um den Kultkommissar Kluftinger eine große Rolle, so in »Erntedank«, »Seegrund« und »Schutzpatron«. Um den Schutzheiligen des Allgäus, den heiligen Magnus von Füssen, geht es im letztgenannten Roman. Am Lechfall soll Magnus auf der Flucht vor Verfolgern über den Fluss gesprungen sein. Beim Absprung hinterließ er einen mächtigen Fußabdruck, den »Magnustritt« – eigentlich eine versteinerte Riesenauster.

Die Kirnbergkapelle von Antdorf aus dem 18. Jahrhundert hat schon von Weitem eine magische Ausstrahlung.

Auch im Allgäu trieben sich Räuber oder, nach einer anderen Sichtweise, Rebellen herum. Schon zu Lebzeiten war der 1736 in Kissing geborene Matthias Klostermayr, der Bayerische Hiasl, Gegenstand legendenhafter Verehrung. Der 1771 grausam hingerichtete »Robin Hood vom Lech« soll Vorbild für die Figur des Karl Moor in Schillers Drama »Die Räuber« gewesen sein.

Die steilen Flanken und Felsnadeln der Höfats in den Allgäuer Alpen haben schon früh die Fantasie der Menschen angeregt. Im Berg sollen sagenhafte Goldschätze lagern, von denen früher nur die »Venedigermännle« gewusst haben. Wenn sie abends ihre Schaufeln zurückgaben, dann mit den Worten: »So, nun hab ich wieder genug für ein Jahr zum Leben«. Tatsächlich suchten damals venezianische Glasbläser im Allgäu nach Zuschlagstoffen wie Kobalt, Alaun und Mangan für die Glasherstellung. Auch im Karwendelgebirge waren sie unterwegs.

Das Blaue Land rund um den durch seine Künstlerkolonie bekannten Ort Murnau im Alpenvorland hat eine reiche Tradition. Jedes Jahr findet am 6. November am Staffelsee die Froschhauser Leonardifahrt statt, eine Pferdewallfahrt. Prozessionen hielt auch ein Abt vom Kloster Benediktbeuren am Walchensee ab, um den im See lebenden großen Wels zu besänftigen. Im Leutstetter Moos soll die »Mooskuh« schrecklich gebrüllt und die Bauern in die Irre gelockt haben – vermutlich ließen diese sich von den dumpf klingenden Balzrufen der Rohrdommel ins Bockshorn jagen. Im Landkreis Weilheim-Schongau zieht schon von Weitem die auf dem ebenmäßig geformten Kirnberg erbaute, von Buchen umsäumte Kapelle von Antdorf die Blicke auf sich. Sie ist dem Bauernheiligen Wendelin geweiht und gilt als mystischer Ort.

Grausamer Herrscher im Alpenland

Die wohl bekannteste Sagengestalt der bayerischen Alpen ist König Waze oder Wazemann. Zusammen mit seiner Ehefrau und seinen Kindern verbreitete er im Berchtesgadener Land Angst und Schrecken. Bei einer wilden Hatz traf er mit seiner Meute auf eine friedliche Bauernfamilie und trampelte sie zu Tode. Die Bäuerin verfluchte den König und bat Gott, den grausamen König mitsamt seiner Familie zu versteinern. Seit dieser Zeit thront die Stein gewordene Königsfamilie als Wahrzeichen über Berchtesgaden: als Mittelspitze der Watzmann selbst, mit 2713 Metern zweithöchster innerdeut-

Der sagenhafte Watzmann mit der Watzmannfrau und den Watzmannkindern ist das eindrucksvollste Bergmassiv der Berchtesgadener Alpen.

scher Gipfel, daneben der 2307 Meter hohe Kleine Watzmann, die Watzmannfrau. Umrahmt werden sie von den Watzmannkindern. Es gibt mehrere Varianten der Sage, auch eine in Ludwig Bechsteins »Deutschem Sagenbuch«. Dort, wo Watzmanns Lieblingshund in den Tod stürzte, erhebt sich der 2594 Meter hohe Hundstod auf der bayerisch-salzburgerischen Grenze im verkarsteten Steinernen Meer. Das Blut der gesamten Königsfamilie sammelte sich im Königssee. Den Mythos verarbeitete der Heimatdichter Ludwig Ganghofer in seinem Roman »Die Martinsklause«. Eine der schönsten Wanderungen Bayerns führt unterhalb des Watzmann von Ramsau durch die Wimbachklamm und über den Schuttstrom des Wimbachgrieses zum Wimbachschloss, einem früheren Jagdschloss der Wittelsbacher, und zur Wimbachgrieshütte.

Eine bizarre Felsformation, die Steinerne Agnes, erhebt sich ebenfalls im Berchtesgadener Land am Dreisesselberg bei Bischofswiesen. Der Sage nach war sie eine fromme Sennerin, die Gott zu Stein erstarren ließ, um sie vor den Nachstellungen des Teufels zu retten. Die weitere Variante sieht in ihr eine Dirne, die ihr uneheliches Kind tötete und zur Strafe versteinert wurde.

Natürlich ranken sich auch um Deutschlands höchsten Berg, die 2962 Meter hohe Zugspitze, etliche Sagen. Die Einheimischen glaubten früher an den bösartigen »Zuggeist«, einen riesigen Geier, der die Spitze des Berges bewachte und jeden, der in sein Reich einzudringen versuchte, übel zurichtete. Bei Grainau führt ein Erlebnispfad durch den Bergwald und das Höllental. Wilder ist die Leutaschklamm, auch Leutascher Geisterklamm genannt, bei Mittenwald. Dort sollen Kobolde und Dämonen umgehen, besonders im Frühjahr, wenn die Leutascher Ache voll von Schmelzwasser ist. In den Schlierseer Alpen war im 19. Jahrhundert Bayerns berühmtester Wilderer unterwegs: der Wildschütz Jennerwein, besungen im Jennerweinlied. Die ersten beiden Strophen lauten:

»Es war ein Schütz in seinen besten Jahren, –
er wurde weggeputzt von dieser Erd, – Man fand ihn erst
am neunten Tage – bei Tegernsee am Peißenberg.

Auf den Bergen ist die Freiheit, – Auf den Bergen ist
es schön, – Doch auf so eine schlechte Weise –
Mußte Jennerwein zugrunde gehn!«

Burg Lauenstein liegt im Frankenwald nahe der thüringisch-bayerischen Grenze. Der Mitte des 16. Jahrhunderts errichtete Hauptflügel der mächtigen Burganlage zählt zu den prächtigsten Renaissancebauten in Mitteldeutschland. Im 15. Jahrhundert wurde Katharina von Orlamünde auf der Burg geboren. Sie soll bis heute als Weiße Frau umgehen. Die Gräfin hatte aus erster Ehe zwei Kinder, als sie sich unsterblich in einen Hohenzollern-Grafen verliebte. Dieser ließ sie allerdings wissen, dass dem gemeinsamen Glück zwei Augenpaare im Wege stünden. Katharina dachte dabei an ihre Kinder, die sie daraufhin mit einer goldenen Nadel erstach. Tatsächlich meinte der Graf seine Eltern, die gegen die Verbindung waren. Die unglückliche Katharina entkam nur knapp der Todesstrafe und wurde zu lebenslänglichem Aufenthalt im Kloster verurteilt.

Burg Hohenstein thront auf einem Felssporn der zur Fränkischen Schweiz zählenden Hersbrucker Alb. Um 1188 kam die Burg an die Hohenstaufer, um schließlich nach dem unglückseligen Tod des letzten Staufers Konradin (1268) in den Besitz der Bayernherzöge zu gelangen. Die Legende, nach der Konradin vor seinem Zug nach Italien auf dem Hohenstein sein Testament gemacht und von seiner Mutter, der Schwester der Herzöge Ludwig und Heinrich von Bayern, Abschied genommen hatte, entbehrt allerdings der historischen Grundlage.

Das Walberla ist ein dominanter Zeugenberg vor der Fränkischen Alb (Bild rechts). Der »Heilige Berg der Franken« war einst ein keltischer Kultplatz, aber auch ein germanisches Heiligtum. Seinen Namen hat er vermutlich von der heiligen Walburga, die vor Sturm beschützen soll und der eine Kapelle auf dem Berg gewidmet ist. Am Westhang hat die Verwitterung im Dolomit entlang von Klüften die Felsformationen der Steinernen Frau (Weibla) und der Wiesenthauer Nadel (Männla) geschaffen.

»Ob Forchheim bei Kircherenbach
Woll'n wir zu Berge steigen,
Dort schwingt sich am Walpurgistag
Der Franken Maimarktreigen,
Der ist seit grauer Heidenzeit
Noch allem Landvolk teuer,
Schatzkind, halt Gürtel fest und Kleid,
Wir springen durch die Feuer!«

Gedicht von Victor von Scheffel zum Walberlafest

Ist der Druidenhain bei Wohlmannsgesees mit seinen zum Teil geometrisch angeordneten, mit Moosen überzogenen Dolomitblöcken eine keltische Kultstätte oder ein natürliches Felslabyrinth? Der Volksmund hat den Felsen Namen wie »Schüsselstein«, »Mondkalender« oder »Eingang zur Unterwelt« gegeben. Spuren menschlicher Bearbeitung fanden sich allerdings bisher nicht.

Tor in eine andere Welt Die wildromantische Ruine Neideck thront über dem Wiesenttal in der Fränkischen Schweiz südlich von Bamberg. Sie zählt zu den größten Burganlagen Deutschlands und gilt als eine der schönsten Burgruinen Frankens. Der Sage nach herrschten einst Riesen über Neideck und die auf der anderen Seite des Wiesenttales gelegene Burg Streitberg, bevor sie von Menschen bezogen wurden. Heute führen ein leichter Wanderweg zur Burg hinauf sowie eine Fahrt mit der historischen Dampfbahn um den Fuß der Burgfeste herum.

»Der weise Geist des Urquells (…) ließ Quellwasser über grünes Moos fließen und sprach dazu eine Zauberformel. Sogleich verwandelten sich die Wassertropfen in wunderschöne Perlen.«

Sagen von der Burg Neideck: Die Zeit der Riesen

Im Schwarzen Moor auf der Hohen Rhön ranken sich Sagen um versunkene Dörfer und Moorjungfrauen, die zu nächtlicher Stunde erscheinen, lieblich singen und anmutig tanzen. Das Moor gehört zu dem bundesländerübergreifenden UNESCO-Biosphärenreservat Rhön. Es liegt auf der Wasserscheide zwischen Rhein und Weser – ob sich wohl aus diesem Grund die Legenden so beharrlich halten (nachfolgende Doppelseite)?

Dinkelsbühl gehört mit seiner fast vollständig erhaltenen Stadtbefestigung und der verwinkelten malerischen Altstadt zu den schönsten Orten an der Romantischen Straße. Das große Volksfest Kinderzeche ist eng mit einer Sage aus dem Dreißigjährigen Krieg verknüpft. Um die Stadt vor der Verwüstung durch die Schweden zu bewahren, soll die Kinderlore, die Tochter des Türmers, mit allen Kindern der Stadt an der Hand dem schwedischen Obristen entgegengezogen sein. Ein blonder Junge sah dem kurz zuvor gestorbenen Sohn des schwedischen Kommandanten so ähnlich, dass er gerührt auf die Zerstörung von Dinkelsbühl verzichtete.

Das »Märchenschloss« Mespelbrunn ist sicherlich das bekannteste Gebäude im Spessart. Das von Wasser umgebene Renaissanceensemble ist heute noch im Besitz der Adelsfamilie Echter. Es diente als Kulisse für den Film »Das Wirtshaus im Spessart« von 1958, nach dem gleichnamigen Märchen von Wilhelm Hauff, das von den legendären Spessarträubern handelt. Tatsächlich ranken sich um das Schloss und seine Herren seit Jahrhunderten viele Sagen und Legenden, so etwa um den Gründer des Juliusspitals, Julius Fürstbischof von Würzburg. Drei Brüder der adeligen Familie sollen allerdings auch Raubritter gewesen sein.

Uralte Lindenbäume umgeben die Karolikapelle in Waldkirchen am sagenumwobenen Goldenen Steig aus dem 18. Jahrhundert. Sie ist dem hl. Karl Borromäus geweiht. Die einzigartige Lage machte die Kapelle schon früh zu einem beliebten Wallfahrtsort. Beim Emmaus-Gang bitten die Männer von Waldkirchen am Ostermontag um Frieden, und beim Leonhardiritt wird der Gottesdienst am 6. November vor der Kapelle im Freien abgehalten.

Felstürme am Dreisessel Nahe der Grenze zu Tschechien erhebt sich bei Haidmühle der 1333 Meter hohe Dreisesselberg (Bild rechts). Die für den Granit typische Wollsackverwitterung hat aus den Granitfelsen bizarre Felsgestalten geformt. Der Sage nach führten dort die Herrscher von Bayern, Böhmen und Österreich Grenzverhandlungen.

»Da steht auch ein Berg drei Stunden von hier. –
In der uralten Heidenzeit saßen auf ihm einmal drei Könige,
und bestimmten die Grenzen der drei Lande:
Böheim, Baiern und Oesterreich –
es waren drei Sessel in den Felsen gehauen,
und jeder saß in seinem eigenen Lande.«

Adalbert Stifter: Der Hochwald

Von Granitblöcken bedeckt ist der Gipfelbereich des 1373 Meter hohen Lusen. In den Böhmerwald-Sagen von Hans Watzlik hat sie der Teufel zusammengetragen und übereinandergetürmt, um damit die von ihm erbeuteten Schätze vor der Welt zu verbergen.

Gier nach Gold Sonnenstrahlen tauchen den »Goldenen Steig« im Böhmerwald in ein geheimnisvolles Licht. Der heute beliebte Wanderweg war im Mittelalter ein wichtiger Handelsweg, auf dem Salz, Getreide, Gewürze und Branntwein transportiert wurden. Allzu geldgierige Kaufleute bestrafte der Teufel. Einmal streute er Korn auf den Weg, das er nachts in Gold verwandelte. Am Tag darauf rauften sich die Händler und Knechte darum. Sie bemerkten nicht, dass sich der Steig wie ein Band allmählich in die Tiefe zog und alle in den ewigen Abgrund beförderte.

Wald und Filz Um die Glashütten von Schwarzental im unteren Bayerischen Wald bei Philippsreut ranken sich ebenso wie um die zahlreichen Filze (Moore) mit ihren »Filzweiblein« etliche Sagen (nachfolgende Doppelseite).

Alte Mühlen wie die des Augustinerklosters Schönthal in der Oberpfalz haben schon immer die menschliche Fantasie angeregt. Von dieser Mühle heißt es, dass vor langer Zeit einmal die Razen, winzige Männlein, dem Müller beim Mahlen geholfen hätten. Als Dank hätten sie nur »drey Stückchen Brod« gewollt.

Unheimlicher Wald Wie eine filigrane Geisterarmee scheinen die dürren Bäume durch den Oberpfälzer Wald zu schweben.

An einen mythischen Weltuntergang erinnert die Szenerie, die sich nach einem Gewitter von Tännesberg aus hinunter auf das Pfreimdtal bei Trausnitz zeigt. Dort entstand auch die Sage vom »Kalten Baum«: Von ihm heißt es, »dass, wenn einst sein Ast stark genug seyn wird, um einen geharnischten Reiter mit sammt dem Rosse zu tragen, die Feinde aus Ost und West in zahllosen Heersäulen hier zusammen treffen werden.«

»Da nun, (...) steht ein einsamer Baum, eine Steinlinde, vor sich einen kleinen Teich, (...) im Rücken einen Einödhof; hier weht der Wind Tag und Nacht, oft in der Stimme des heulenden Sturmes, und ewig bewegt sich das Laubdach des Baumes und theilt den Schauer des frierenden Wanderers.«

Franz Xaver von Schönwerth: Aus der Oberpfalz

Das Blaue Land um Murnau war Anfang des 20. Jahrhunderts eine beliebte Künstlerkolonie, die mit Namen wie Wassily Kandinsky, Gabriele Münter und Franz Marc verbunden ist. Beschützt wird das Land von der 1801 Meter hohen Benediktenwand, die nach einer Volkssage auf vier goldenen Säulen ruht und in ihrem Innern unermessliche Schätze birgt.

Der Kochelsee ist der Überrest eines viel größeren Gletschersees, der nach dem Abschmelzen des Isar-Loisach-Gletschers aus der Würmeiszeit entstand. Beim Oberländer Bauernaufstand von 1705 soll der legendäre »Schmied von Kochel« als Letzter dem Massaker in der Sendlinger Mordweihnacht zum Opfer gefallen sein. Auf dem Dorfplatz von Kochel am See steht ein überlebensgroßes Denkmal aus Gusseisen.

See-Ergründung Mit vielen Allgäuer Seen ist eine Sage verbunden, so auch mit dem Schrecksee, der auf 1813 Metern in einem kesselartigen Hochtal liegt. Einst wollte einer den Schreckensee am Kugelhorn und Kastenkopf im Hintersteinertale ergründen, band einen Stein an eine Schnur und wollte ihn in die Tiefe hinabsenken. Da tauchte aus dem Wasser ein schreckliches Ungeheuer empor, das aussah wie »ein geschundenes Roß« und zornig und schnaubend rief es:

»›Ergründ'st du mich, so freß ich dich!‹ Da ließ der Mann vor Entsetzen und Schrecken das Seil los und floh, so schnell er konnte, und seitdem gelüstete ihn nie mehr den See zu ergründen.«

Karl August Reiser: Sagen, Gebräuche und Sprichwörter des Allgäus

Im Zeichen des Schwans Das auf einem zerklüfteten Felsen über der Pöllatschlucht thronende Schloss Neuschwanstein zählt zu den meistbesuchten Schlössern und Burgen Europas. Die Bilderzyklen im Wohnzimmer Ludwigs II. von Bayern zeigen Motive aus der Lohengrin-Sage. Dem Gralsritter und dem Schwanenmotiv – der Schwan war das Wappentier der Grafen von Schwangau – fühlte sich der Märchenkönig besonders verbunden.

Drachenbezwinger Unweit des Forggensees wurde an einem kleinen Badesee 1863 die Kapelle von Hegratsried erbaut. Lange bevor der Lech zum Forggensee aufgestaut wurde, hausten Drachen im Lechtal. Erst der hl. Magnus konnte sie töten und den Menschen die Angst vor Naturgeistern nehmen.

Ein geheimes Versteck schützt dieser Wasserfall bei Scheidegg im Allgäu. Im Dreißigjährigen Krieg sollen hier und hinter einem anderen Wasserfall in der Nähe, in der sogenannten Schwedenhöhle, die Bewohner der Region Schutz vor den marodierenden Schweden gefunden haben.

Wie Feenschleier wirken die herabstürzenden Wasser in der Wimbachklamm. Im Hochtal zwischen Watzmann und Hochkalter im Berchtesgadener Land hat sich der Wimbach eine enge Schlucht mit zahlreichen Wasserfällen geschaffen. Weiter oberhalb liegt im Steinernen Meer der Funtensee, in dessen Nähe eine Mühle gestanden haben soll. Ihr Klappern versetzte die Menschen in Furcht, weil es an die bei Bergstürzen auftretenden Geräusche gemahnte. Manche munkeln, dass im nahen Wimbachgries das vescholLene Bernsteinzimmer vergraben ist.

Irrlichter In alten Sagen und Legenden wird ein Moor oft als von Geistern und Irrlichtern bewohnter, unheimlicher Ort beschrieben, gar als Tor ins Jenseits. Eine plausible Erklärung für die Irrlichter könnte die Biolumineszenz einiger Moorpflanzen sein. Die Kendlmühlfilze südlich des Chiemsees sind das größte Hochmoor in Bayern. Die dicken Torfschichten wurden bis 1988 zur Gewinnung von Blumenerde abgebaut. Heute ist das renaturierte Moor ein Naturschutzgebiet (nachfolgende Doppelseite).

Donnerndes Ende Um keinen Berg in den Bayerischen Alpen ranken sich so viele Sagen wie um den Watzmann. Das markante Bergmassiv besteht aus Dachsteinkalk und Plattenkalk. Zu seinen Füßen liegt der fjordartig eingeschnittene Königssee, der sich aus dem Blut der gemeuchelten Watzmannfamilie gebildet haben soll. An der steil in den See abfallenden Geigerwand soll in Vollmondnächten ein riesiger Geiger seine traurigen Weisen spielen.

»Es erhob sich ein dumpfes Brausen, ein Donnern in Höhen und Tiefen, in den Bergesklüften ein wildes Heulen, und der Geist der Rache fuhr in des Königs Hunde, die fielen ihn jetzt selbst an und seine Königin und seine sieben Kinder und würgten alle nieder, daß ihr Blut zu Tale rann, und dann stürzten sie sich von dem Berge wütend in die Abgründe.«

Ludwig Bechstein: Die Sage vom König Watzmann

Adlers Wacht Für den Namen Zugspitze gibt es eine Erklärung aus dem Reich der Legenden. Den Gipfel soll vor Urzeiten ein boshafter »Zuggeist«, ein riesiger Geier oder Adler, bewacht haben, bis ihn endlich die Menschen von dort vertreiben konnten (nachfolgende Doppelseite).

Zwischen Nebelmeer und Morgensonne

Stockfinstere Nacht umgibt mich, als ich das Auto am Parkplatz zum Aufstieg auf den Lusen im Bayerischen Wald abstelle. Dichter Nebel hat selbst den letzten Rest Licht verschluckt, und so mache ich mich bei Temperaturen knapp unter dem Gefrierpunkt auf den Weg zum Gipfel dieses für den Nationalpark Bayerischer Wald so charakteristischen Berges. Nur das Knacken der von einer dünnen Eisschicht überzogenen Steine auf dem Weg und mein Atmen dringen an mein Ohr. Im Lichtkegel der Stirnlampe tanzen kleine Wasserpartikel. Ungewissheit ist ein steter Begleiter am Anfang solcher Wanderungen. Sind die Bedingungen am Ziel so wie erhofft? Oder wird der Nebel auch den 1373 Meter hohen Gipfel und den Blick auf die blauen Kuppen von Bayerischem und Böhmerwald verhüllen?

Zum Glück zeichnen sich nach einiger Zeit erste Konturen im fahlen Dämmerlicht ab. Ich beschleunige meinen Gang und lasse den Nebel hinter mir. Wie klar sich die Grenze zwischen Nebelmeer und wolkenlosem Himmel zeigt. Der größte Teil der Umgebung liegt verbogen in schier endlosem Weiß, nur die benachbarten Gipfel des Waldgebirges wie der Rachel heben sichtbar ihre kahlen Häupter.

Die visuelle Inspiration für meine Arbeit an diesem Buch zog ich auch aus der Landschaftsmalerei von Caspar David Friedrich, Peder Mørk Mønsted und Iwan Iwanowitsch Schischkin.

Im deutsch-tschechischen Nationalparkland hat der Borkenkäfer ganze Arbeit geleistet. Aus den Berghängen ragen die bleichen Überreste des abgestorbenen Fichtenwalds empor. Zuoberst thront der aus unzähligen Felsblöcken gebildete Kegel des Lusen. Ein Sagenberg – der Teufel soll alle Schätze der Welt unter diesen Steinen versteckt haben. Besser gefällt mir aber eine Sage aus der Zeit, als das Waldgebirge noch Urwald war und nur einige Handelswege von Bayern nach Böhmen führten. Einer dieser Wege querte bei den Blauen Säulen die Grenze. An dieser Station soll für die Säumer – wie man die hiesigen Händler nannte – Brot bereit gelegen haben. In einer »Vertrauenskasse« sollten die Händler das Geld dafür hinterlegen. Noch heute erzählt man in den Dörfern am Fuß des Lusen, dass jeder, der nicht die vorgesehene Summe zahlte, an Ort und Stelle in einen Felsbrocken verwandelt worden sei. Die vielen Tausend Steine auf dem Lusen lassen vermuten, dass sich damals viel unehrliches Volk herumgetrieben haben muss. Mit diesen Gedanken mache ich die ersten Fotos.

Der Nebel gewinnt deutlich an Höhe und überströmt sogar die Kuppe des Lusen. Glücklicherweise zeichnen sich jetzt unmittelbar vor Sonnenaufgang die Silhouetten des Bayerischen und Böhmischen Waldes ab, gegossen in die Farben der Morgenröte. Ganz im Südwesten, etwa 150 Kilometer entfernt, grüßen die schroffen Zacken der Alpen. Langsam schiebt sich der Sonnenball über den Horizont. Jetzt heißt es schnell sein. Im Vordergrund die Felsen mit Schneeresten, rechts einige zerzauste Wetterfichten und am Horizont das erstrahlende Nebelmeer. Nur wenige Minuten dauert das Schauspiel.

Zufrieden mit der Ausbeute und beseelt von diesem Naturerlebnis, atme ich tief durch und mache mich langsam auf den Rückweg. Die Morgensonne kämpft mit dem Nebel um die Vorherrschaft. Noch widersetzt sich der kühle Schleier. So tauche ich wieder ein in das alles verschluckende Weiß, das die Bäume nur schemenhaft freigibt. Die Welt der Sagen ergreift wieder Besitz von meinen Gedanken.

Sagenhaftes fotografieren

Der Versuch, den Sagenschatz Deutschlands in einem Bildband fotografisch zu heben, war eine große Herausforderung. Ich entschied mich für eine bunte Mischung aus bekannten und versteckten Sagenorten. Mit dem Thema kam ich schon früh in Kontakt: Neben den Sagen des klassischen Altertums und den Helden- und Burgensagen auch mit regionalen Überlieferungen aus dem Böhmerwald und Bayerischen Wald. Dabei stieß ich auf die umfangreiche Sammlung von Franz Xaver von Schönwerth aus dem Ober-

»Die Bilder sollen nicht nur reine Naturdokumente sein, sondern vielmehr visuell erlebbare Räume – Bühnenbilder für eigene Gedanken. Mein Ziel ist, die Augen des Betrachters für die Wahrnehmung des Besonderen im scheinbar Alltäglichem und im Verborgenem zu öffnen.«

Kilian Schönberger

Gespenstisch wirkt der abgestorbene Fichtenwald im Bayerischen Nationalpark. Über den Grenzkamm im Dreiländereck zogen einst die Säumer von Bayern nach Böhmen.

pfälzer Wald. Über ihn schrieben die Brüder Grimm: »Nirgendwo in ganz Deutschland ist umsichtiger, voller und mit so leisem Gespür gesammelt worden.« Die Oberpfalz bietet mit ihren Hunderten Burgen, ihren Felsen und alten Bäumen reichlich Stoff für Geschichten.

Betrachtet man Sagen als überliefertes Kulturerbe, gehört die Auseinandersetzung mit ihren Inhalten unbedingt zu einem ganzheitlichen Blick auf Landschaftsräume. Eine Landschaft ist immer die Summe ihrer geomorphologischen und kulturellen Vergangenheit. Während meines Studiums erweiterte das »Kulturlandschaftskonzept« mein Verständnis von komplexen Landschaftsräumen in Europa. In der Landschaftsfotografie blieb ich dieser Sichtweise treu. Ausgehend von meiner Heimat Ostbayern spielen Sagen und Legenden auch eine bedeutende Rolle bei der Recherche für meine fotografischen Arbeiten. Gerade in mir unbekannten Gegenden können sie wichtige Hinweise geben – »sagenumwobene« Plätze

Mit dem beginnenden Novembernebel erscheinen im Bayerischen Wald die Nebelfrauen, die die Menschen weg von ihren Dörfern und ins Verderben zu führen versuchen.

eignen sich durch ihre Stimmung und Naturschönheit besonders gut als Bildmotiv. So entwickelte sich das Konzept zu diesem Bildband. Mein Ziel war es, die reiche deutsche Sagenlandschaft möglichst flächendeckend und visuell ansprechend zu zeigen. Innerhalb von zwölf Monaten sollte ganz Deutschland mit ca. 200 finalen Motiven fotografisch abgedeckt werden – ein sehr ambitioniertes Unterfangen. Tatsächlich habe ich rund 70000 Kilometer mit dem Auto zurückgelegt. Hinzu kamen Wanderungen von mehreren Hundert Kilometern. Meine Basislager waren in Köln und in Ostbayern. Von dort ging es dann quer durch die Republik, Jahreszeiten und Vegetationsperioden gliederten die Touren. Nach und nach konnten so die sechs Hauptkapitel mit Inhalt gefüllt werden. Die meisten Motive sind auf normalen Wanderwegen zu erreichen. Bei wenigen Plätzen waren auch kleinere Klettereinlagen notwendig.

Nicht immer fand ich Orte, die ich fotografieren wollte, so vor, wie meine vorherigen Recherchen erwarten ließen.

Bei derart viel Zeit auf der Straße und im Gelände bleiben Gefahrensituationen nicht aus. Ein Ereignis, das mir besonders in Erinnerung blieb, war ein Besuch des Lonauer Wasserfalls im Harz. Zum Gumpen des Wasserfalls führt eine kurze, enge Felsschlucht. Dort angekommen, nahm ich nach einigen Minuten wahr, dass sich das Geräusch des fließenden Wassers ändert. Ohne lange nachzudenken – Ähnliches kannte ich aus den Alpen – suchte ich schnell einen Weg aus der Klamm heraus. Innerhalb von 20 Sekunden schwoll die Wassermenge um das Fünffache an. Der Rückweg war versperrt. Meine Ausrüstung brachte ich auf einem Felsvorsprung in Sicherheit und schaffte es, aus dem Kessel zu klettern. Vermutlich war im Oberlauf des Baches ein Starkregen niedergegangen, der das Wasser innerhalb kurzer Zeit hatte anschwellen lassen.

Auch ein anderes Erlebnis hinterließ einen nachhaltigen Eindruck. Nach einem eisigen Sonnenuntergang im Harz fuhr ich in den Schwarzwald, um Sonnenaufgangsbilder zu machen. Auf der Schauinslandstraße hatte starker Wind mannshohe Schneeverwehungen aufgetürmt, die unaufhaltsam zur Straße vordrangen. Ich musste wenden. Aber der Rückweg war abgeschnitten. So blieb mir nichts anderes übrig, als im Schnee gefangen auf Schneefräsen zu warten.

Weniger sagenhaft

Nicht immer fand ich Orte, die ich fotografieren wollte, so vor, wie meine vorherigen Recherchen erwarten ließen. In einem Drittel der Fälle waren die Bedingungen anders – meist schlechter. Ein Problem war die touristische Erschließung: Geländer, breite Fußwege und abgesägte Bäume machten manche Bildidee zunichte. Aus Naturorten waren kleine Freizeitparks geworden, mit großformatigen Informationstafeln direkt vor einem lohnenden Motiv. Ein behutsamerer visueller Umgang – ohne Schilderwälder – gäbe dem Naturerlebnis wieder mehr Raum. Als vertikale Barrieren stellen sich dagegen Windkraftanlagen in den Horizont. Sicherlich ist es richtig, auf regenerative Energien zu setzen. Wichtig ist aber auch, reine Naturräume zu bewahren. Um auch nachfolgenden Generationen zu ermöglichen, Landschaftsweite und Abgeschiedenheit zu erleben, plädiere ich für »freie Aussichten«, besonders in eindrucksvollen Naturlandschaften wie dem inneren Pfälzer Wald, dem hinteren Bayerischen Wald oder dem Elbsandsteingebirge.

Kilian Schönberger

Nordsee
Ostsee
Nordfriesische Inseln
Flensburg
Fehmarn
Mecklenburger Bucht
Pommersche Bucht
Rügen
Stralsund
Greifswald
Usedom
Kiel
Rostock
Nördlicher Landrücken
Ostfriesische Inseln
Cuxhaven
Wismar
Wilhemshaven
Lübeck
Schwerin
Mecklenburgische Seenplatte
Neubrandenburg
Emden
Bremerhaven
Hamburg
Müritz
Leer
Oldenburger Land
Oldenburg
Bremen
Lüneburger Heide
Uckermarck
Eberswalde
Elbe
Elde
Ems
Weser
Aller
Oder
Havel
Emsland
Südlicher Landrücken
Tangermünde
Havelland
Berlin
Hannover
Wolfsburg
Mittellandkanal
Frankfurt (Oder)
Rheine
Osnabrück
Braunschweig
Potsdam
Salzgitter
Hildesheim
Spreewald
Bielefeld
Weserbergland
Magdeburg
Münster
Leine
Goslar
Brocken 1141
Harz
Cottbus
Rhein
Hamm
Lippe
Gelsenkirchen
Paderborn
Dessau-Roßlau
Niederrhein
Dortmund
Saale
Mulde
Spree
Duisburg
Essen
Bochum
Brilon
Kassel
Göttingen
Halle
Leipzig
Düsseldorf
Wuppertal
Sauerland
Rothaargebirge
Hessisches Bergland
Werra
Leipziger Bucht
Riesa
Mönchengladbach
841 Kahler Asten
Thüringer Becken
Dresden
Görlitz
Alt-Beyenburg
Erfurt
Köln
Eisenach
Jena
Gera
Chemnitz
Sächsische Schweiz
Zittauer Gebirge
Aachen
Siegen
Sieg
Marburg
Vacha
Thüringer Wald
Schneekopf 978
Zwickau
Bonn
Westerwald
Erzgebirge
Rheinisches Schiefergebirge
Lahn
Gießen
Koblenz
Fulda
Rhön
Vogtland
1214 Fichtelberg
Eifel
Frankfurt
Spessart
Hof
Wiesbaden
Offenbach
Main
Bayreuth
Trier
Mainz
Darmstadt
Würzburg
Bamberg
Main-Donau-Kanal
Oberpfälzer Wald
Hunsrück
818
Franken
Miltenberg am Main
Kaiserslautern
Ludwigshafen
Mannheim
Odenwald
Erlangen
Fürth
Nürnberg
Saarbrücken
Rotenburg ob der Tauber
Heidelberg
Pfälzer Wald
Naab
Regen
Karlsruhe
Heilbronn
Fränkische Alb
1456 Großer Arber
Regensburg
Bayerischer Wald
Altmühl
Kelheim
Nördlingen
Pforzheim
Stuttgart
Ingolstadt
Donau
Oberrheinisches Tiefland
Schwarzwald
Schwäbische Alb
Donauwörth
Reutlingen
Landshut
Passau
Isar
Ulm
Augsburg
Kandel 1242
Lemberg 1015
Iller
Alpenvorland
München
Lech
Inn
Freiburg
Tuttlingen
Chiemsee
Titisee-Neustadt
Friedrichshafen
Rosenheim
Kempten
Bodensee
Konstanz
Lindau
Allgäu
Garmisch-Partenkirchen
2962 Zugspitze
2713 Watzmann

Sagenorte in Deutschland

1 Barberine (SN)
2 Briesetal (BB)
3 Dasenstein (NI)
4 Visbeker Braut (NI)
5 Kliff von Morsum (SH)
6 Keitumer Kirche (SH)
7 Westerhever (SH)
8 Maleens-Knoll–Düne (SH)
9 Ukleisee, Dieksee (SH)
10 Schloss Glücksburg (SH)
11 Wremen (NI)
12 Greetsiel (NI)
13 Plytenberg in Leer (NI)
14 Wittmoor (HH)
15 Bülzenbett (NI)
16 Hase (NI)
17 Haselünner Wacholderhein (NI)
18 Pietzmoor (NI)
19 Goldenstedter Moor (NI)
20 Totengrund (NI)
21 Wasserburg (NI)
22 Tumuluslinde (NI)
23 Rhumspringe (NI)
24 Klosterruine Hude (NI)
25 Wolfswarte (NI)
26 Dierhäger Feld (MV)
27 Großsteingrab Riesenberg (MV)
28 Königsstuhl (MV)
29 Schoritzer Wiek (MV)
30 Hexenwald (MV)
31 Nienhäger Gespensterwald (MV)
32 Boitiner Steintanz (MV)
33 Domherrenhagen (MV)
34 Schloss Putzar (MV)
35 Rambow (MV)
36 Königswiege (MV)
37 Schloss Bothmer (MV)
38 Grützpott (MV)
39 Burg Freyenstein (BB)
40 Odertal (BB)
41 Wesensee (BB)
42 Kloster Chorin (BB)
43 Wüste Kirche Berkenlatten (BB)
44 Klosteruine Himmelspfort (BB)
45 Gartzer Schrey (BB)
46 Brodowin (BB)
47 Spreewald (BB)
48 Sandteich (BB)
49 Spreewalddelta (BB)
50 Burg Kriebstein (BB)
51 Teufelsmauer (ST)
52 Kloster Oybin (SN)
53 Wartburg (TH)
54 Kyffhäuser (TH)
55 Hexentanzplatz und Rosstrappe (ST)
56 Lauenburg (ST)
57 Dorf der Troglodyten (ST)
58 Quedlinburg (ST)
59 Steinerne Jungfrau (ST)
60 Brocken (ST)
61 Zittauer Gebirge/Böhmerwald (SN)
62 Burg Hohnstein (SN)
63 Felsengasse am Amboss (SN)
64 Bastei (SN)
65 Rakotzbrücke (SN)
66 Kahleberg (SN)
67 Drachenschlucht (TH)
68 Lauchagrund (TH)
69 Vessertal (TH)
70 Weida (TH)
71 Hohe Möst (TH)
72 Kloster Paulinzella (TH)
73 Teufelskanzel (TH)
74 Burg Runkel (HE)
75 Burg Trifels (RP)
76 Externsteine (NW)
77 Bislicher Insel, Kopfweiden (NW)
78 Bielay (NW)
79 Westruper Heide (NW)
80 Turmruine Haus Langendonk (NW)
81 Kahler Asten (NW)
82 Burg Vondern (NW)
83 Bruchhauser Steine (NW)
84 Burg Drachenfels (NW)
85 Helfensteine (HE)
86 Schwarzbach (HE)
87 Uhuklippen (HE)
88 Reichenbach, Felsenmeer (HE)
89 Frau-Holle-Teich (HE)
90 Milseburg (HE)
91 Abtsrodaer Kuppe (HE)
92 Wegelnburg (RP)
93 Altschlossfelsen (RP)
94 Reichsburg (RP)
95 Loreley (RP)
96 Kesseling (RP)
97 Burg Are, Teufelsloch (RP)
98 Ehrbachklamm (RP)
99 Mayschoss (RP)
100 Ernstberg (RP)
101 Burg Eltz (RP)
102 Blasiuskapelle, Bergweiler (RP)
103 Bergruine Baldenau (RP)
104 Saarschleife (SL)
105 Sababurg (HE)
106 Belchen (BW)
107 Blautopf (BW)
108 Burg Hohenzollern (BW)
109 Ipf (BW)
110 Steinerne Jungfrauen (BW)
111 Falkensteiner Höhle (BW)
112 Wolfschlugen (BW)
113 Burg Wildenstein (BW)
114 Burg Lichtenstein (BW)
115 Feldbergregion (BW)
116 Gernsbacher Sagenweg (BW)
117 Mummelsee (BW)
118 Teufelskammern (BW)
119 Kloster Allerheiligen (BW)
120 Zweribachfälle (BW)
121 Kreuzesgruppe bei Emmingen (BW)
122 Churfirsten (BW)
123 Hegau (BW)
124 Kaiserstuhl (BW)
125 Hoimann, Holzfrala, Weißensteinfelsen (BY)
126 Kirnbergkapelle (BY)
127 Watzmann (BY)
128 Burg Lauenstein (BY)
129 Burg Hohenstein (BY)
130 Walberla (BY)
131 Druidenhain, Wohlmannsgesees (BY)
132 Burg Neideck (BY)
133 Schwarzes Moor (BY)
134 Dinkelsbühl (BY)
135 Mespelbrunn (BY)
136 Karolikapelle (BY)
137 Dreisesselberg (BY)
138 Lusen (BY)
139 Goldener Steig (BY)
140 Kloster Schönthal (BY)
141 Pfreimtal, »Kalter Baum« (BY)
142 Blaues Land (BY)
143 Kochelsee (BY)
144 Schrecksee (BY)
145 Schloss Neuschwanstein (BY)
146 Kapelle von Hegratsried (BY)
147 Schwedenhöhle, Scheidegger Wasserfälle (BY)
148 Wimbachklamm (BY)
149 Hochmoor Kendlmühlfilzen (BY)
150 Zugspitze (BY)
151 Grenzenkamm, Dreiländereck (BY)
152 Ruine Frauenstein (BY)
153 Nusshardt (BY)
154 Wildfräuleinstein (BY)
155 Lindenallee zu Maria Schnee (BY)

Register

Quellenverzeichnis

Bücher

Hans Christian Andersen: *Reise von Leipzig nach Dresden und in die Sächsische Schweiz*, 1847
Ludwig Bechstein: *Deutsches Sagenbuch*, 1853
Ludwig Bechstein: *König Watzmann, in: Sagen und Geschichten aus deutschen Gauen*, 1900
Johanna Beckmann, *Wald-Sagen*, 1921
Winfried Brumma (Hrsg.): *Deutsche Mythen, Sagen und Legenden*, 2012
Dietmar Damwerth: *Sagen und Märchen aus Ostfriesland*, 2014
Christiane Flock: *Sagen und Legenden aus der Eifel*, 2011
Theodor Fontane: *Cecile*, 1886
Lars Franke: *Spukgeschichten aus Berlin und Brandenburg*, 2012
Johann Wolfgang von Goethe: *Faust* Erster Teil, 1808
Johann Wolfgang von Goethe: *An Luna*, 1767/68
Jacob und Wilhelm Grimm: *Deutsche Kinder- und Hausmärchen*, 1815
Jacob und Wilhelm Grimm (Hrsg.): *Deutsche Sagen*, 1816/18
Gerhard Hänsel: *Uckermärkische Sagen*, 1996
Heinrich Heine: *Sämtliche Werke*, 1997
Gundula Hubrich-Messow: *Sagen und Märchen aus dem Schwarzwald*, 2009
Günter Jürgensmeier: *Grimms Märchen*, 2007
Johann Friedrich Kind: *Der Freischütz*. Volksoper in drei Aufzügen. 1843
Ernst Köhler (Hrsg.), *Sagenbuch des Erzgebirges*, 1886
Adalbert Kuhn/Wilhelm Schartz (Hrsg.): *Norddeutsche Sagen, Märchen und Gebräuche*, 1848, 1972
Legenden und Sagen aus Fulda und dem Fuldaer Land, 2012
Krystin Liebert: *Rügen – Sagen und Geschichten*, 2010
Eduard Lyncker: *Klänge vom Kaiserstuhl*, 1836
Märchen, Lieder, Trachten. Bajki, pesnje, drasty, 1962
Frank Rainer Max: *Die Sage*, in: Knörrich, Otto (Hrsg.): *Formen der Literatur*, 1991
Fritz Meyers: *Riesen und Zwerge am Niederrhein*. Ihre Spuren in Sage, Märchen, Kunst und Geschichte, 1980
Alfred Moschkau: *Volkssagen vom Oybin*, 1920–1925
Leander Petzold: *Einführung in die Sagenforschung*, 1999
Karl August Reiser: *Sagen, Gebräuche und Sprichwörter des Allgäus*, 1895
Heinz Rölleke: *Das große Sagenbuch*. Von Hexen und Zwergen, Teufeln und Geistern, Riesen, Kobolden und Wassernixen, 2008
Hans Gerd Rötzer: *Sage*, 1982
Victor von Scheffel: *Frau Aventiure*, 1863
Timur Schlender (Hrsg.): *Der Schwarzwald in Mythen, Märchen und Erzählungen*, 1988
Rudolf Schmidt (Hrsg.): *Sagenschatz der uckermärkischen Kreise Prenzlau und Templin*, 1922
August Schnezler (Hrsg.): *Badisches Sagen-Buch*, 1846
Franz Xaver von Schönwerth: *Aus der Oberpfalz*. Sitten und Sagen, 1857–59
Wolfgang Schulze: *Die schönsten Bergbausagen aus dem Ruhrgebiet*, 1981
Dirk Sondermann (Hrsg.): *Ruhrsagen*, Von der Mündung bis zur Quelle, 2010
Uwe Steffens: *Sagenhaftes Schleswig-Holstein*. Sagen, Bilder und Geschichten aus dem Land zwischen den Meeren und aus Hamburgs Elbvororten, 2011
Claus-Dieter Steyer: *Geheime Orte in Mecklenburg-Vorpommern*, 2015
Adalbert Stifter: *Der Hochwald*, 1841
Theodor Storm: *Der Schimmelreiter*, 1888
Jana Thiele: *Gebrauchsanweisung Harz*, 2014
Hans Watzlik: *Böhmerwaldsagen*, 1929
Heinrich Weinert: *Sagen und Märchen*, um 1890
Manfred Wetzel: *Vom Mummelsee zur Weibertreu*. Die schönsten Sagen aus Baden-Württemberg, 1997
August Witzschel (Hrsg.): *Sagen aus Thüringen*, 1866
Paul Zaunert: *Rheinland Sagen*, 1969
Widar Ziehnert: *Sachsens Volkssagen*, 1838
Zeit der Riesen, *Sechsämtermagazin* Juli/August 2013

Online-Quellen

www.baden-wuerttemberg.de/unser-land/sagen-und-legenden
www.br.de/themen/bayern/inhalt/geschichte/raeuber-rebellen-bayern100.html
www.br.de/fernsehen/bayerisches-fernsehen/sendungen/zwischen-spessart-und-karwendel/goldlegenden-100.html
www.burgenstrasse.de
www.burg-katz.de
http://fichtelgebirge.bayern-online.de/die-region/familie-kinder/maerchen-sagen-legenden
www.gutenberg.org
www.harzlandhexe.de
www.kraftvolle-orte.de/uebersicht-der-kraftvollen-orte
www.kulturwerk-nsw/heimatschwarzwald/schwarzwaldsagen
www.menedemos.de/sagenneideck.htm
www.neroth.de
www.rhoenart-sage.de
www.sagen.at
www.tourismus-bw.de/Regionen
http://uckermark-erleben.de
http://de.wikisource.org/wiki/Badisches_Sagen-Buch_I
http://de.wikisource.org/wiki/Badisches_Sagen-Buch_II
http://wildes-waldgebirge.de/sagen.html

Impressum

Verantwortlich: Joachim Hellmuth, Dr. Birgit Kneip
Redaktion: Henning Aubel, Dortmund
Satz und Layout: VerlagsService Gaby Herbrecht, Mindelheim
Repro: Ludwig, Zell am See
Umschlaggestaltung und Layoutkonzept: coverdesign uhlig / Nina Andritzky, München
Kartografie: Heidi Schmalfuß, München
Herstellung: Bettina Schippel
Printed in Germany by APPL aprinta druck

★★★★★

Sind Sie mit diesem Titel zufrieden? Dann würden wir uns über Ihre Weiterempfehlung freuen.
Erzählen Sie es im Freundeskreis, berichten Sie Ihrem Buchhändler, oder bewerten Sie beim Onlinekauf.
Und wenn Sie Kritik, Korrekturen, Aktualisierungen haben, freuen wir uns über Ihre Nachricht an Frederking & Thaler Verlag, Postfach 40 02 09, D-80702 München oder per E-Mail an lektorat@verlagshaus.de.

Unser komplettes Programm finden Sie unter www.frederking-thaler.de

Alle Angaben dieses Werkes wurden von den Autoren sorgfältig recherchiert und auf den neuesten Stand gebracht sowie vom Verlag geprüft. Für die Richtigkeit der Angaben kann jedoch keine Haftung übernommen werden.

Textnachweis:
Einleitung und Osten: Dr. Petra Gallmeister; Nordwesten: Martina Schnober-Sen; Nordosten: Sabine Zitzmann-Starz; Westen: Brigitte Lotz; Südwesten: Sabine Durdel-Hoffmann; Südosten: Ellen Astor.

Bildnachweis:
Alle Fotos von Umschlag und Innenteil stammen von Kilian Schönberger, außer: S. 48: © picture alliance/dpa (Jochen Luebke); S. 53: © Maximilian Motel; S. 82: © Peter Becker, www.spreewald.de.

S. 29: Mit freundlicher Genehmigung der Stiftung Schloss Glücksburg; S. 42/43: Schelenburg, mit freundlicher Genehmigung von Joachim Kellermann von Schele; S. 104: Rakotzbrücke, mit freundlicher Genehmigung des Gemeindeamts Gablenz; S. 152: Burg Eltz: Abdruck mit freundlicher Genehmigung der Gräflich Eltz'schen Kastellanei Burg Eltz; S. 203: Schloss Mespelbrunn: Abdruck mit freundlicher Genehmigung der Schlossverwaltung Mespelbrunn; S. 218: Schloss Neuschwanstein: Abdruck mit freundlicher Genehmigung der Bayerischen Schlösserverwaltung.

Umschlagvorderseite: Rakotzbrücke, auch »Teufelsbrücke« genannt, im Azaleen- und Rhododendronpark Kromlau, mit freundlicher Genehmigung des Gemeindeamts Gablenz
Umschlagrückseite: Lindenallee zur Wallfahrtskapelle Maria Schnee in Nassenbeuren

S. 1: Blauer Wald bei Doveren am Niederrhein; S. 2/3: Barbarine, Sächsische Schweiz; S. 4/5: Goldstedter Moor im Odenburger Münsterland; S. 232/233: Herbstnebel im Oberpfälzer Wald; S. 236/237: Bayerischer Wald bei Philippsreut.

Die Deutsche Nationalbibliothek verzeichnet diese Publikation in der Deutschen Nationalbibliografie; detaillierte bibliografische Daten sind im Internet über http://dnb.d-nb.de abrufbar.

ISBN 978-3-95416-169-0